Kattalin Miner

MOIO

Era imposible esconderlo

Traducción de Irati Iturritza

Libros del K.O.

PRIMERA EDICIÓN: abril de 2024

Calle San Bernardo 97-99, entresuelo 8
28015 Madrid

ISBN: 978-84-19119-60-5
DEPÓSITO LEGAL: M-529-2024

CÓDIGO IBIC: DNJ, JFSJ5
DISEÑO DE CUBIERTA: Patricia Bolinches
MAQUETACIÓN: María O'Shea
CORRECCIÓN: Melina Grinberg
IMPRESIÓN: Kadmos

IMPRESO EN ESPAÑA - PRINTED IN SPAIN

Índice

A ti, al cuerpo disidente que eres.
Al pueblo de Hernani, por dar aquella lección que nunca olvidaré.

PARTE 0
INTENTO DE MEMORIA Y DECLARACIÓN DE INTENCIONES
Kattalin Miner

El 23 de abril del 2017 desperté en una ciudad que no era la mía. Por mucho que intentara obviarlo, sabía perfectamente qué día era; era, ni más ni menos, el décimo aniversario de la muerte de Aimar Elosegi Ansa, o de Moio, como siempre lo habíamos llamado nosotras. Sin embargo, y por primera vez en diez años, decidí que ese día no iba a hacer nada especial.

No mandé ningún mensaje a quienes solía escribir todos los años, y tampoco ellas me lo mandaron a mí. No fui a llevar flores a Moio. No sonaron esas canciones que hicimos tan nuestras, ni siquiera dediqué un rato a recordar a mi amigo. Dejé que las horas pasaran, sin contarle a nadie el aniversario que me atravesaba.

En los días que siguieron, le di muchas vueltas a la cabeza: ¿por qué no había sentido ninguna necesidad de hacer nada? Al principio pensé que eso significaba que yo también había cerrado la última fase del duelo, y me alegré un poco. «Ha terminado» me dije, y me sentí aliviada por primera vez en diez años.

Nadie nos ha explicado qué es lo que llega después del duelo.

Empecé a ver desde otro lugar aquella muerte, una muerte que había sido de todas, una muerte, que, en esencia, había sido compartida, social, pública, pero que con el paso de los años se había ido relegando al plano íntimo. Constaté que desde hacía tiempo sentía una especie de vergüenza al contar a mis nuevas amistades aquello de «mi amigo trans que se suicidó». Que lo decía rápido, sin dramatismos, sin querer generar nada parecido a la lástima o la pena. Constaté que con esa tendencia mía a la intimidad le había arrebatado a *lo ocurrido* todo atisbo de acción pública, política, reivindicativa. Lo había enterrado en algún sitio del que ni yo misma era consciente y, por mucho que quisiera sacarlo, no encontraba el camino.

Una vez me di cuenta, pasé una mala racha. Fue una época de silencio. Era un silencio nuevo, en esta ocasión, consciente. Y por primera vez sentí una gran culpa; no me refiero a la culpa que se te despierta ante un suicidio, sino a otra diferente: la de no haber cumplido con lo prometido. Tenía que ver con el silencio que se nos había atragantado, con no conservar la memoria, con no haber seguido recordando, luchando.

Durante muchos años, Moio escribió diarios. La suya era una escritura profunda, llena de amor y de amargura. En el verano de 2017, tal vez impulsada por sus textos, yo misma empecé a volcar en un diario el creciente malestar que sentía. De manera casi primitiva, tuve la necesidad de poner sobre el papel todo lo que se revolvía en mi interior.

Empecé así:

21 de agosto de 2017

¿Cuántos años hay que dejar pasar antes de empezar a hacer memoria? ¿Cuál es el momento apropiado? ¿Cuál es la medida exacta para poder tomar la distancia suficiente ante algo que todavía sigue vivo? ¿Cuándo deja de ser «algo que acaba de ocurrir» y pasa a ser «aquello que ocurrió»? ¿En qué momento podemos empezar a hablar de «lo ocurrido»?

Pensé que, aunque ya había pasado una década, los demás también debían de estar viviendo a su manera aquello que yo estaba experimentando por mi cuenta; que lo de Moio tuvo que marcar a mucha otra gente; y que, si bien hay belleza en lo íntimo, lo habíamos mantenido demasiado en silencio, o que, como poco, habíamos dejado de hablar de ello demasiado pronto.

Cuando empecé a escribir el diario, se trataba de un mero ejercicio de memoria, nacía del deseo y la necesidad de ordenar lo ocurrido diez años atrás y de llevarlo al presente. Ahora, al releerlo, me resulta evidente que existía también un impulso de volver a trasladarlo a una esfera más pública.

29 de agosto de 2017

El 23 de abril de 2007 era lunes, pero no sería un lunes como los demás. Acababa de volver a casa de la universidad. Como era lunes, el frigorífico estaba prácticamente vacío, pero las madres de algunas compañeras todavía nos mandaban tuppers los domingos, así que estábamos todas en la cocina, intentando hacer malabares para racionarlos. Creo que hacía sol, desde aquel séptimo piso veíamos Bilbo por encima de los tejados y teníamos las ventanas de la cocina abiertas de par en par. Todavía no intuía el vértigo que acabaría desarrollando años más tarde. Nos estábamos riendo, de eso sí que me acuerdo; aunque no consigo recordar qué compañeras estaban y cuáles faltaban.

Por lo visto, los instantes previos a los acontecimientos trágicos se quedan grabados en la memoria, como si la mente estuviera reevaluando las sensaciones anteriores a la catástrofe. En el momento, no damos ningún valor a esos segundos de calma en los que «todo iba bien»; más tarde, guardamos como oro en paño el recuerdo del mar en calma justo antes del tsunami, ese silencio anterior al terremoto, la normalidad previa al bombardeo.

En fin, estábamos en la cocina, el anecdótico sol bilbaíno entraba por la ventana y nos reíamos, hablábamos sobre el fin de semana y estábamos muertas de hambre. Entonces recibí la llamada de Maddi. Además de mi prima, Maddi era mi amiga, así que no era raro que me llamara; pero sí era raro que lo hiciera un lunes, y pasadas las tres del mediodía. Juro que en ese momento, un segundo antes de coger el teléfono, tuve un presentimiento y supe lo que Maddi iba a contarme.

Siempre he tenido mala memoria. Me acuerdo de pocas cosas —ni buenas ni malas— de mi infancia, y todavía menos de mi adolescencia. Mi amiga Lore siempre ha sido como mi memoria externa. Cómo me gusta su habilidad para recordarlo todo —las conversaciones, los momentos, las personas— con tanto detalle. Mi papel nunca ha sido el de recordar, sino el de crear historias, completar anécdotas, hacer imitaciones, o incluso reconstruir hechos sin acordarme de ellos; es más, me apropio de lo que nunca he vivido, hasta creerme que yo misma he estado allí. Tal vez por esto esta historia que trato de recordar es más bien una especie de mosaico, un puzle con los sentimientos de todas, no tanto de los míos. Pero necesito sacarlo. Lo necesitamos. El propósito es buscar la verdad en los relatos; aunar nuestros recuerdos y nuestras lagunas, y contarlo.

El 23 de abril de 2007 me recogieron en la antigua estación de autobuses de Donostia. No recuerdo quién vino a buscarme (más tarde he sabido que fue Aiora). Diría que pasé el trayecto de Bilbo a Donostia sola y con el móvil en la mano, llorando, mientras mi madre, al otro lado del teléfono, me decía «ven, ven a casa». Por primera y última vez en mi vida lloré por la calle, lloré en el metro, lloré en el autobús, y no me importó. Lloré hasta llegar a Donostia y entré en el coche que me estaba esperando. Había alguien más, pero tampoco recuerdo quién era. No sé a dónde fuimos. A Hernani, claro; pero no sé a dónde exactamente. Los siguientes días, quitando un par de momentos concretos, crearon en mi mente una especie de niebla gris. Solo logro evocar mi cuerpo como un trozo de carne despedazado que los demás llevaban de un lado a otro; también me acuerdo de los abrazos desesperados que nos dábamos las unas a las otras para tratar de mantener unidos esos pedazos.

Pero es preciso volver atrás.

19 de abril de 2007, jueves. Estoy casi segura de que era jueves, porque acababa de llegar de Bilbo e iba de camino al local que compartíamos un grupo de amigas bastante heterodoxo. El ambiente estaba revuelto; las asistentes, muy inquietas. Habíamos tenido varias broncas con Moio desde que empezó su transición, y abundaban las quejas sobre algunas de sus actitudes. Nadie criticaba su decisión, no al menos de forma directa; nadie lo haría, ni entonces, ni ahora. Pero una cosa así remueve el ambiente y, ante la agitación, no siempre emerge nuestra parte más comprensiva.

La cuestión es que Moio, en un ejercicio de transparencia y de desnudez (más tarde me planteé si no sería un intento desesperado por que alguien lo entendiera), había dejado sus diarios en el local, a plena vista. Por eso iba yo también, porque habíamos quedado para hablar con él (o quizás para pedirle explicaciones).

Pero todavía tengo que retroceder algunas horas más, porque esto último también es mentira. Yo no estuve en esa intervención; mientras la hacían, yo estaba con Aiora, de la que ya he hablado, porque ella no quería ir. Pero aunque no formara parte de ese encuentro, quería pasarme por ahí; fui cuando me avisaron de que ya estaban terminando. Me encontré con Moio mientras salía del local, llevándose sus diarios. Al principio fui bastante dura, pero de pronto me arrepentí y fui corriendo tras él. Lo seguí por la calle y tuve un último gesto que más adelante me produciría cierta tranquilidad: lo abracé y le dije «tranquilo, Moio, todo se va a arreglar», o algo así [según lo que leí más adelante en mis diarios, dije «estate tranquilo, todo pasará, y vuelve cuando te encuentres mejor, yo seguiré aquí»]. Después de eso, recibí su último SMS dándome las gracias. Y luego llegó El Lunes.

Es imposible saber por qué recordamos algunas cosas y no otras. Lo que sé con total seguridad es que después de ese lunes tomé una serie de decisiones fundamentadas en apoyar la lucha de mi amigo. Para entonces yo ya era militante, estaba en el grupo feminista de mi pueblo, Herne Neska Taldea (colectivo de chicas Herne[1]), y también en el de la universidad. Aunque hoy en día la relación entre la lucha trans y el feminismo es más que evidente (no por ello una relación exenta de conflictos, debates y posturas encontradas), por aquel entonces no lo teníamos tan claro.

En aquellos años todavía asociábamos la lucha trans solamente a las siglas LGTBI+ (y, en gran medida, seguimos

1. «Herne» es un juego de palabras entre «Hernani» y «atenta» (*erne*).

haciéndolo). Francamente, ni siquiera sé si habíamos oído hablar de eso de la «lucha trans» como concepto. Más bien se oían y pululaban en el imaginario colectivo conceptos como cuerpos equivocados, cerebros sexuados, travestis, hormonas y operaciones, bigotes y tacones. Vidas difíciles. Errores, a fin de cuentas.

Aun y todo, algunas intuíamos que «eso de la transexualidad» estaba completamente relacionado con el feminismo. Durante estos años, algunas de nosotras hemos seguido de cerca la lucha trans y también hemos presenciado el nacimiento del transfeminismo. Y no dejo de pensar lo diferente que hubiese sido todo, repitiéndome aquello de «si hubiéramos sabido entonces la mitad de lo que sabemos ahora…»[2].

Desde aquellos años hemos aprendido mucho sobre lo trans y, por lo tanto, también sobre la transfobia. Hemos hablado sobre ello, hemos trabajado en ello. Ahora conocemos los peligros de un sistema de género excesivamente rígido. Pero en el verano de 2017 yo trataba de aclarar otras cosas. Trataba de invocar otros fantasmas. Ya sabemos cuáles son las consecuencias de la transfobia. En el caso de Moio, la consecuencia directa fue que se suicidara; tras la intensidad de esos primeros días y los meses posteriores, creo que logré

2. Cuando se escribió la primera versión de este prólogo en 2018, los movimientos trans-excluyentes y los discursos tránsfobos en el nombre del feminismo eran corrientes residuales. No imaginábamos cómo llegarían a condicionar el debate público muy poco tiempo después.

asimilar eso. El suicidio. Aparece una y otra vez en mi diario; todavía no es algo definido, pero su presencia es más que notable.

8 de septiembre de 2017

Como somos ateas y de izquierdas, solemos tener una postura política a favor del derecho al suicidio. Luego, ocurre en tu entorno: alguien se suicida. Y entonces ese suelo ético izquierdista comienza a tambalearse. Hoy por hoy, y a nivel político, sigo defendiendo el derecho a acabar con la vida propia; pero hasta ahí llega mi reflexión. Porque el suicidio es un tabú en una sociedad en la que la propia muerte sigue siéndolo. Porque quien se queda tiene la sensación de que podría haber hecho más; o lo que es peor, de que no podía hacerse nada más. Yo nunca juzgué la decisión de Moio; eso lo tengo claro tanto racional como emocionalmente. Y, ya ves qué topicazo, recuerdo que me pareció valiente, el más valiente del mundo. Por hacer lo que hizo y por hacerlo de la manera en que lo hizo. Dejándolo todo atado. Sin echarle la culpa a nadie. Saltando desde esa altura. Es verdad que el dolor, el que sentí entonces y el que he seguido sintiendo después, es el más grande que he vivido nunca y el que más me ha costado sanar.

Pero una vez pasado el primer año del duelo, una especie de ira empezó a recorrerme el cuerpo; por primera vez sentí las palabras «egoísta» y «cobarde» en relación a su muerte. Me duró poco, no sé exactamente cuánto tiempo. Moio me abrió una gran puerta hacia lo trans, pero también hacia el tema del suicidio. Esto último, más que una puerta, fue un pozo. Un pozo profundo y oscuro. Una posibilidad. El dilema filosófico del suicidio es tan antiguo como nuevo, y yo también tuve que aprender a hacerle frente. Todavía hoy se me presenta de mil y una formas abstractas. Me imagino que es un dilema compartido, uno en el que piensa todo el mundo, pero dentro de mi abstracción hay un elemento recurrente: la altura. Saltar. Liberarse.

El 12 de noviembre de 2017, el periódico *Berria* publicaba una serie de reportajes en torno a la muerte. Estaba pasando el fin de semana en el caserío de una amiga y me topé con un artículo llamado «La muerte. El duelo del suicidio. Un resquicio en el armario de la vergüenza y la culpa». Diría, a priori, que lo de la vergüenza no me ha pasado, o al menos no del todo. Pero lo de la culpa es otra historia.

El reportaje hablaba de dos asociaciones —Besarkada y Biziraun— que acababan de crear en Euskal Herria algunos familiares de personas que se habían suicidado.

Entrevistaban a Elena Aisa y a Agustin Erkizia, que más adelante salieron en el programa *Ur Handitan* de ETB[3]. Los dos perdieron a sus hijos cuando estos eran

3. Es un programa de reportajes en el que se analizan preguntas, polémicas y preocupaciones de la sociedad vasca. En cada programa entrevistan a varias personas relacionadas con el tema, dando a conocer así sus testimonios e historias.

jóvenes. No pude evitar sentir cierta afinidad con ellos, porque yo también había perdido a un amigo muy joven. Al mismo tiempo, sentí que había algo que nos separaba, porque yo no soy madre, sino amiga. Sigo sin saber qué lugar ocupamos los amigos en la escala de la legitimidad del dolor que genera el suicidio.

Aisa hablaba del duelo, y sus palabras me reconfortaron: decía que «en general, es un duelo más largo y más complejo que cualquier otro» y que «muchas veces, los duelos relacionados con el suicidio empeoran con el paso del tiempo». Pienso en las idas y venidas de estos años, en las mías y en las de los demás; en que el quinto aniversario resultó especialmente duro, y eso que se suponía que tocaba empezar a cerrar heridas. También me planteo que el décimo aniversario podría estar siendo una fase más del duelo; que este texto, además de ser un ejercicio de memoria y un intento por compartirlo, puede ser también una nueva etapa en un duelo tan complejo. Pienso que tal vez no haya terminado. Que tal vez todavía nos quede mucho por hacer y por sanar.

En el reportaje hablaban de la culpa. Tomé papel y lápiz y anoté las duras palabras de Aisa: «Los profesionales te dicen "hiciste todo lo que pudiste". Pero todos cometemos errores y todos contamos con datos objetivos que demuestran que las cosas podrían haberse hecho mejor». La frase me cayó como un jarro de agua fría, me compadecí de mí misma y pensé, como ya había hecho en su día, aquello de que no-hicimos-todolo-que-podía-hacerse. Volví a castigarme y además me regodeé un poco en ese castigo.

Vuelvo a escribir sobre el impacto de aquella frase. Pero mi cuerpo ahora reacciona de manera diferente: he repetido en voz alta aquello de que «todos contamos con datos objetivos que demuestran que las cosas podrían haberse hecho mejor» y me he respondido a mí misma: «Sí, ¿y qué?». Lo he aceptado y ahora sigo adelante.

Leyendo estos textos, me doy cuenta de que aquel verano estaba dándole vueltas a mis recuerdos y profundizando en *lo ocurrido*; conforme avanzo, llega un momento en el que no hay reflexiones ni recuerdos, solo preguntas. Era consciente de que mi memoria era insuficiente, y de que volvía a adentrarme en el terreno de lo íntimo y lo personal, yéndome en otras direcciones; en definitiva, de que me alejaba de la muerte y la memoria de Moio.

Por eso volví a centrarme en la pregunta más productiva: ¿para qué? Decidí hablarlo con las personas de mi entorno, con aquellas amigas que no habían conocido a Moio y que por lo tanto no tenían ningún vínculo con lo sucedido. Mi objetivo era medir el verdadero interés que pudiera o no tener la historia para alguien que no la conociera. Por fin cedí en mi deseo de ahondar en el tema y empecé a darle a todas estas sensaciones formato de libro. En septiembre escribí lo siguiente:

16 de septiembre de 2017

Les he hablado a algunas amigas sobre lo que estoy escribiendo. Son amigas nuevas (es decir, amigas que no llegaron a conocer a Moio), o pertenecientes al mundo de la investigación, la literatura y el periodismo. Les he contado que un amigo mío, Aimar Elosegi Ansa, que era trans, se suicidó. Que ya han pasado diez años desde su muerte y que siento que ya es momento de analizarlo todo. Les planteo mi hipótesis: que algo tan dramático y traumático genera, en un pueblo como Hernani (y en Euskal Herria, por extensión) una mayor sensibilidad sobre lo trans; que remueve algunas conciencias y que la opinión pública se colma de solidaridad y progresismo. Pero que también tengo mis dudas; que no sé si, a la larga, somos realmente capaces de mantener viva la memoria y de crear espacios, entornos y comunidades en los que las personas trans puedan vivir con libertad; si no asociamos, como me temo, la transexualidad con lo trágico y, por lo tanto, con lo peligroso, lo oscuro, con algo que debe guardarse en silencio. Les he contado a estas amigas que, ahora que ya han pasado diez años, me gustaría investigar sobre todo esto.

Por lo general, las que lo escuchan piensan que es buena idea y me dicen cosas en la línea de «joder, qué interesante». Pero siento que les estoy hablando de Aimar, y no de mi amigo Moio; que les estoy contando mi idea de manera aséptica, como periodista, como profesional; o, por qué no decirlo, desde la dudosa distancia que creo que puedo tomar respecto a *lo ocurrido*. Y en el fondo sé que para contar esta historia no hay distancia que valga: no puedo ser profesional, periodista ni aséptica. Tengo que hacer esto partiendo desde lo personal, y puede que eso sea precisamente lo que más me asusta.

Aunque peleaba por narrar la historia desde un lugar desconocido e intentaba sortear de todas las maneras posibles mi implicación en ella, me di cuenta de que a veces no queda otra: hay que hablar desde una misma. ¿De qué otra manera, si no, podría contarlo? ¿Cómo podía narrar esta historia, sin incluir de dónde vengo? Tras muchas idas y venidas, estaba preparada para dar el siguiente paso, que sería decisivo.

21 de septiembre de 2017

Hoy he quedado con Ixiar Pagoaga. Para nosotras, Ixiar siempre ha sido Pagox, profesora, tutora, psicóloga; pero desde lo de Moio se ha convertido en algo más. Diría que Pagox ha sido para muchos jóvenes un puente hacia los adultos y su mundo; una mujer capaz de escucharnos, alguien que nos habla directamente, sin juzgarnos, con honestidad. Como había sido nuestra profesora y, además, amiga de la familia, tras la muerte de Moio se convirtió en una especie de refugio. Así, al menos, la recuerdo yo: nos daba voz, protección, un lugar al que acudir. Tal vez por eso haya sido ella la primera persona con la que he querido hablar.

Hemos quedado para tomar un café, y nada me ha resultado extraño. No nos hemos andado con rodeos: «¿Con qué me vienes? Cuéntame», y yo le he hablado de esto que estoy escribiendo, de esta idea que en un inicio fue un mero ejercicio de memoria y que, sospecho, se está convirtiendo en algo más. Ixiar no ha dudado: «Eso es lo que él quería, ¿no?». Esa frase, por sí misma, ha confirmado el sentido de lo que estoy haciendo, o de lo que voy a hacer. Eso es lo que él quería. Que se contara, que se hiciera saber, que se supiera. «Con lo que hizo, quería cambiar las cosas, quería cambiar la sociedad» me ha dicho con firmeza, y entonces he recordado el sentido de todo; sus palabras me han devuelto la fuerza que tenía tras la muerte de Moio.

Durante una hora, hemos hablado del proyecto, de aquellos días, de los que siguieron. He recordado muchas cosas. Pero Ixiar tiene la capacidad de hablar con claridad, y he escrito una palabra en el cuaderno, subrayada sobre todo lo demás: DIGNIDAD. «Lo que hicimos aquellos días, lo que Aimar quería hacer —salir a la calle, mostrarnos ante la gente y no callarnos, no guardárnoslo— nos devolvió, le devolvió la dignidad». Es verdad. Ahora que estoy leyendo mucho sobre el suicidio, encuentro muy poco sobre la dignidad. O, cuando se nombra, se refiere al acto del suicidio, nunca a lo que ocurre después. Le hicimos una despedida popular a Moio, en la plaza del pueblo. Un funeral civil. Abierto. Para todo el mundo. Nadie se avergonzó de lo trans, nadie fingió que no fuera un suicidio; no ocultamos nada y nos interpeló a todos. Puede que no ocultar nada le haya devuelto, nos haya devuelto algo de dignidad.

Le he hablado a Ixiar sobre mi preocupación, le he contado que yo misma he relegado *lo ocurrido* a lo íntimo, al recuerdo, a los aniversarios; que, sin querer, he terminado por ocultarlo en mi interior. Que tal vez ese sea el motivo por el que, diez años después, quiero empezar a airearlo. Se ha quedado pensativa un momento y lo ha corroborado: «Tienes razón; puede que con el paso de los años lo hayamos llevado al terreno de lo personal».

Hemos hablado de muchas cosas. También me ha dicho, sin tapujos: «Ahora os toca a vosotras. Por aquel entonces erais muy jóvenes, pero ahora podéis hablar desde la madurez; y, si queréis que la historia se transmita, ahora es vuestro turno». No lo había pensado. Me ha surgido una nueva pregunta: «Ya han pasado diez años, ¿y quién se acuerda de aquello? Más allá de las amigas y de la familia, ¿sigue vivo aquel suceso en la memoria colectiva de Hernani?». Es imposible que diez años hayan borrado tantas cosas. Si aún tenía dudas, esa pregunta las ha resuelto; por primera vez, siento que no hay vuelta atrás con este texto.

Hemos hablado sobre su familia, de Antxon e Isabel, y también sobre sus hermanos, Paul y Ander. Sobre la necesidad de reunirnos con ellos, sobre qué pensarán de todo esto. Ixiar me ha repetido, sin vacilar, que «eso era lo que él quería, y la familia lo sabe».

Ixiar también me ha contado una cosa curiosa. Me ha dicho que el día de la despedida hubo quien se acercó y le contó que su hija, o su hijo, era lesbiana, o gay. *Lo ocurrido* también hizo posible que se rompiera ese silencio, que acabáramos con esa tendencia nuestra a taparlo todo; y, en su lugar, trajo consigo un anhelo imparable por expresarnos. No sabemos cuánto duró, si fue un día, dos, o fueron meses; pero por un momento nos olvidamos de los tabúes, las fobias y las vergüenzas; y hablamos de la vida tal y como es, tal y como queríamos vivirla. Tampoco podemos olvidarnos de eso.

El encuentro con Ixiar fue la última clave. Arrojó la luz necesaria para seguir hacia delante. Porque entendí que, tras meses escribiendo en primera persona, había muchas otras voces que quería escuchar. Voces necesarias para completar el relato, para contarlo y hacer que reviviera; voces tan importantes como la mía, o más. La voz de cada uno, y la de Aimar, o Moio, a través de las nuestras.

En ese momento decidí que iba a hacer una serie de entrevistas. Crear una voz poliédrica formada por muchas voces en primera persona. Era una oportunidad para recopilar todo lo que dejó Aimar. Para vivir su memoria, traerla a la actualidad y seguir contándola.

3 de octubre de 2017.
[Un día soleado, volviendo a casa tras visitar a mi madre]

Me monto en el coche y me dirijo a Donostia. Sin más preámbulo, me desvío del camino y me dirijo a Santa Barbara. Voy al lugar desde el que saltó Moio, para contarle en qué ando metida. Ahora que estoy escribiendo tanto, a veces se me olvida que no se trata solo de *lo ocurrido*, que detrás de eso había una persona, un amigo, alguien con unas vivencias determinadas que acabó tomando una decisión, pero que también tenía sus propios objetivos. Hacía mucho que no hablábamos.

Siempre me pasa lo mismo en las rocas de Santa Barbara, siempre está todo lleno. Hoy también hace bueno, y hay gente escalando arriba y abajo. Miro desde el coche y me pregunto cuántas de esas personas saben que hace diez años un chico saltó desde ahí porque nunca sería «lo que quería ser y lo que debería ser».

Me pregunto si lo sabrán, si deberían saberlo.

No me bajo del coche. Pongo música. A Moio le encantaba la música, era el melómano más ecléctico que he conocido en mi vida y siempre estaba haciendo mezclas, grabando CDs y regalándolos. Entre las cosas que durante estos diez años he guardado con tanto cariño están los CDs que me grabó Moio. Son completamente caóticos y, al mismo tiempo, muy suyos. Cojo mi favorito, el que tituló «Moio. De todo». Voy directamente a la pista 14. Es «Build Me Up, Buttercup», en una versión punk de The Goops. No sé por qué, pero la canción siempre me recuerda a él, y la voz quebrada de Eleanor Whitledge me hace gritar profundamente. Hoy también me he vaciado.

Le doy al *repeat* y pongo el coche en marcha. «Ey, Moio, fuiste tú quien me enseñó que no hay vuelta atrás. ¿Te vienes?».

En unos años, cuando superemos el tabú, recordad que hubo un pionero en este pueblo

Hernaniko kronika

2007ko apirilaren 26a, osteguna ::: 2.175 zka. ::: www.kronika.net

Amaia-Aimar gogoan izan zuten atzo Plazan egindako ekitaldian

PLAZA betean egin zioten atzo hileta zibila Amaia-Aimar Elosegi Ansa, astelehenean hildako hernaniarrari. Ekitaldian, dantzari eta bertsolariek hartu zuten parte eta bere lagunek eta bere senitartekoen lagunek. Senitartekoen lagunek idatzi bat irakurri zuten, bere bizitzan izandako borroka azaltzen duena eta Kronikan azaldu nahi izan dutena: "*Identitate sexualaren inguruan zenbait tabu gainditu badira ere, beste zeinbait oraindik ere badira, transexualitatea kasu, eta beharrezkoa da horiek gainditzea*". Gaztearen zintzotasuna eta ausardia nabarmendu zuten eta "urte batzuk barru tabu hori gainditzean, gure herrian aintzindari bat izan zela" gogoratuko dugula esan zuten. Ekitaldian familiari babesa adierazi zioten beren lagun eta ingurukoek. **||**

Jueves, 26 de abril de 2007
Amaia-Aimar fue conmemorado ayer en el acto celebrado en la Plaza.

El funeral civil de Amaia-Aimar Elosegi Ansa, hernaniarra fallecido el pasado lunes, tuvo lugar ayer en la Plaza, que se llenó al completo. En el acto participaron *dantzari*s y *bertsolari*s, así como sus familiares, amigos y allegados. Sus allegados leyeron un texto en el que explicaron la lucha a la que se enfrentó en vida, y que han querido compartir con *Kronika*: «Si bien ya se han superado algunos tabúes en torno a las identidades sexuales, aún existen otros, como la transexualidad; y es necesario superar también esos». Destacaron la honestidad y la valentía del joven, y afirmaron: «En unos años, cuando superemos el tabú, recordad que hubo un pionero en este pueblo». Durante el acto, amigos y allegados expresaron su apoyo a la familia.

12 de noviembre de 2023
En pocos días la traducción al castellano de este libro estará en imprenta. Los últimos retoques nunca han sido mi fuerte y, aun así, releo incrédula cada palabra de este revivido libro. Han pasado casi cinco años desde su publicación en euskera y tengo la sensación de que fuera ayer.

Este verano llamé a Isabel, la madre de Moio, para darle la noticia de que el legado de su hijo pronto se podría leer en castellano. Como siempre, sus palabras fueron de profundo agradecimiento, y acabó con una exclamación simple pero que sintetizaba mi propio sentimiento: «¡Quién nos hubiera dicho que iba a llegar hasta aquí!». Y es que «aquí» no solo es esta traducción, «aquí» es un escenario totalmente distinto que ni ella ni yo ni todas las personas que participaron en este proyecto podríamos imaginar.

En menos de cinco años, todos los reclamos de visibilidad, de despatologización, de cambios burocráticos, jurídicos y médicos que se repiten en las entrevistas se han visto de alguna manera escuchados. Aunque quede mucho por hacer, en estos años, entre otras cosas, tenemos la popularmente conocida como Ley Trans, y hemos visto cómo las vidas materiales de miles de personas han empezado a estar más cerca de ser vividas con dignidad.

No hay que obviar que eso también ha traído una oleada de transfobia y discursos reaccionarios —incluso en nombre de un supuesto feminismo— que ninguna llegábamos a imaginar que irrumpirían con tanta virulencia. No voy a negar lo incomprensible y doloroso de ello, pero creo que nos han hecho simplemente más tenaces y ayudado a tener todavía más clara la defensa de los derechos y principios por los que ya veníamos luchando.

Estos años, el libro ha hecho su camino; un camino precioso en los que en decenas de ocasiones yo misma lo he acompañado a tertulias, presentaciones y charlas. Ha sido increíble el respeto y el cariño con el que todas y cada una de las veces ha sido recibido.

Ese pensar y vivir juntes no ha tenido pausa, tanto que, en esta traducción, hemos dado fe de que los debates y realidades que siguen vivos son complejos y no paran de mutar, y de que, por ejemplo, ya no decimos «transexualidad» para referirnos a las realidades trans o que escribir y decir «todes» nos es tan válido como necesario. Por eso, quizás, me recorre una satisfacción difícil de explicar cada vez que en esta traducción he tenido que actualizar conceptos y términos, porque son la indudable prueba de que seguimos en constante cambio y crecimiento, tanto colectiva como políticamente. Aunque también hemos decidido dejar algunos otros, que dan testimonio del momento sociopolítico en el que se hicieron las entrevistas.

Por eso mismo, también, leo con cariño y visión retrospectiva e histórica todas las conversaciones que mantuve durante meses con los protagonistas de esta narración, porque hacer memoria no es solo recoger la historia, sino ser capaces de leer lo que no hace tanto aconteció para recordar que el lugar en el que estamos hoy no ha sido siempre así.

En el último aniversario de la muerte de Moio, una amiga me recordó todo lo que había cambiado desde la publicación del libro en euskera. Me puse a pensar y me di cuenta de que tenía razón. Desde su primera edición en 2019, existe una calle en Hernani que lleva el nombre de Aimar Elosegi Ansa «Moio», y una sala que fue nombrada en su honor en la casa intercultural feminista de Hernani. Desde aquí no me queda más que agradecer tanto al Ayuntamiento como al movimiento feminista de Hernani todo el trabajo realizado en la memoria no solo de Moio, sino de las realidades LGTBI+.

También hemos aprendido que la memoria es un ejercicio vivo, y por eso también cabe recordar que, por ejemplo, existe una canción del grupo punk Perlata que nació del impacto que el libro generó a sus integrantes, o que se ha hablado de él en clubs de lectura, institutos, pódcasts y artículos. Francamente, es mucho más de lo que aquella Kattalin en plena crisis de duelo tardío podría haber esperado de esta andadura. Ahora, leyendo esta traducción tan mimada que me lleva al momento en el que todo estaba por hacer, me atraviesa el cuerpo ese poder del recordar colectivo, del sacar y no esconder nada nunca más.

Puede que quien lea por primera vez este libro tenga la sensación de que esto ya pasó, pero no me queda más que invitarlo a un breve viaje en el tiempo, no muy lejano, para que lo inunde, como a mí, el poder de la conversación, la memoria colectiva, el contar y el escuchar; para saber que, si hoy estamos aquí es, entre otras cosas, porque hemos hablado, tomado las calles, exigido y luchado. Pero, sobre todo, para que tengamos muy claro que siempre merece la pena hacerlo.

PARTE 1
DESDE AQUELLO QUE FUIMOS
Aiora, Ainhoa y Ane

Nos reunimos a finales de primavera por primera vez en mucho tiempo. A decir verdad, fui yo la que, por primera vez en mucho tiempo, se reunió con ellas. Podría decir que la vida nos ha llevado por caminos diferentes, pero he de admitir que soy yo misma la que se ha alejado de ellas. Vivir fuera de Hernani genera, en ocasiones, una distancia insalvable; en estos encuentros me doy más cuenta que nunca.

Mi prima Maddi ha organizado una comida en el caserío Larraburu. Nos hemos juntado un montón de gente, así que he coincidido con amigas que hacía tiempo que no veía. Cuando noto que a mi alrededor se agolpan unos cuantos niños y me fijo en un par de tripas de embarazada, no me queda ninguna duda: la vida nos ha llevado por caminos diferentes. El ambiente me resulta un poco ajeno. En mi día a día no hay niños. Todas estas madres, sus hijos y sus parejas o maridos me hacen sentirme, de pronto, dentro de una experiencia heteronormativa, de la que normalmente no participo. Pienso en lo lejos que están ahora esas amigas con las que he compartido mi adolescencia, con las que tanto he reído y tanto he salido de fiesta. Un día fueron muy importantes y ahora parece que, más que el ancho de una mesa, nos separen miles de kilómetros. Nuestras vidas no tienen nada que ver las unas con las otras.

En estos casos, de forma casi automática, siempre me asalta el mismo pensamiento: si Moio siguiera vivo, ¿estaría sentado con nosotras? ¿Habría elegido alguna otra mesa? ¿Cómo sería? ¿Seguiríamos siendo amigos? Y, así, sigo imaginando situaciones: Moio con barba, por ejemplo, o Moio con pareja, o Moio siendo padre. O, tal vez, Moio viviendo en el extranjero, Moio inmerso en la comunidad trans. Moio militante, Moio educador. Esto último lo condicionan mis experiencias posteriores con personas trans. En realidad, el Moio ingeniero me resulta más fácil de concebir que el Moio asambleario.

Por un momento, he pensado en todo esto, pero, paradójicamente, me siento muy cómoda ahora mismo. Son y somos las de siempre. Irati habla como toda la vida, suelta tres o cuatro tacos y dice que está hasta el coño del embarazo, que quiere reventar cuanto antes y que se muere de ganas de comer jamón. Pero también la veo muy feliz, como si la vida la hubiera llevado por un camino que estuviera pensado solo para ella. Es muy extraño. Ainhoa también está embarazada, espera a su segundo hijo. Es lo que se dice una madraza, parece que ella también ha nacido para esto. Se me hace raro y, al mismo tiempo, me resulta normal. Me da la impresión de que son felices.

Trato de ampliar la mirada y ahora las veo a todas en conjunto. Forman, para mí, una suerte de genealogía de la amistad; pasados cinco minutos, todo vuelve a parecerme igual que de costumbre. De golpe, se desvanece lo extraño de la situación. Cuento un chiste, y todas nos reímos. Ane pasa por delante; todavía no hemos empezado a comer y ya se ha tomado tres vinos. Aprovechamos para vacilarle un poco. Ainhoa se ríe, y entonces yo recuerdo quién es ella, quiénes somos nosotras. Llega Nuria con su hija, y Mantxi, y Nagore, y todavía más niños… estamos casi todas. Aunque hayamos cambiado, estamos en casa. Puede que seamos un poco más mayores, pero nada más.

A media tarde, en una sobremesa plagada de sorbetes y un humo que me devuelve a la adolescencia, les cuento lo del libro. Les explico que llevo un tiempo dándole vueltas a *lo de Moio* y a la manera de llevarlo al papel, de hacer memoria y recordarlo entre todas. Nos emocionamos. Todas están de acuerdo. De pronto, es como si, con solo nombrar el tema, hubiera quitado el tapón de la bañera: todas empiezan a vaciarse. No saco la grabadora y tampoco apunto nada. Me quedo solo con algunas sensaciones, con una en concreto: cuánta necesidad teníamos de hablar. Y, sobre todo, soy consciente de lo mucho que nos queda aún por sanar. Por eso les propongo juntarnos y trabajar en el libro, contar nuestra historia. Quedamos en eso, en que algunas de nosotras nos reuniremos sin falta.

Somos más mayores, tenemos hijos y algunos años cotizados, ni siquiera nos acordamos bien de aquellos tiempos y, sin embargo, seguimos formando un grupo que está profundamente atravesado por la vida y la muerte de Moio.

Cuando volvemos a quedar, ya es otoño. Ainhoa me abre la puerta con su bebé en brazos. Tiene pocos meses, y me parece pequeña y tranquila. Ella y su pareja llevan ya varios años en la casa nueva, y yo todavía no la había visitado. La casa me resulta cálida, como si se hubieran esforzado mucho por hacerla acogedora. La pareja de Ainhoa me enseña la obra de la cocina, las puertas nuevas y demás. Fuera llueve y hace frío. En contraste, tengo la impresión de que estoy en una de esas casas que te invitan a quitarte los zapatos y andar descalza en el interior.

Aiora y Ane ya están ahí. Les veo la cara y pienso, «uy», y pregunto, «¿qué, tenemos resaca?». Ambas se ríen, confirmándolo. Ane trata de hablar, y nos echamos a reír cuando vemos que está casi afónica. Dice que la noche le ha comido la voz. Ya solo por eso, siento que las quiero. Joder, es domingo, ¡qué hostias! Y seguimos siendo capaces de aparecer con resaca en una casa plagada de niños. Las cosas no han cambiado tanto.

Estamos picando algo en la cocina mientras esperamos a Nuria. Nos envía un mensaje diciendo que tiene que darle de comer a su hija. Ane y Aiora se ríen; resulta que ayer salieron las tres juntas. «Será mejor que empecemos sin ella».

Después de comer, enciendo la grabadora y llega el momento de ahondar en aquello que nos ha reunido. Estamos nerviosas y también entusiasmadas. No sabemos muy bien qué pasará, pero estamos dispuestas a hablar. En concreto, estamos dispuestas a hablar de la muerte, de *lo ocurrido* y de otras tantas cosas. Pero decido retroceder un poco, porque no me parece justo limitar el recuerdo de Moio, aquel amigo con el que compartimos tantos años y tantas vivencias, a su muerte. Quiero recordar junto a ellas quién era Moio y quiénes éramos nosotras junto a él. Hablamos como si tuviéramos todo aquello olvidado.

Ane y Aiora eran amigas de la infancia de Moio, se conocían «desde *txikis*», como dice Ane. Ainhoa lo conoció cuando eran adolescentes, «con catorce o quince años». Yo soy dos años más joven que ellas, así que hablo sobre la época en la que Aiora, Ane, Moio y yo nos conocimos porque jugábamos juntos a fútbol. Hasta entonces no fuimos amigos, lo que se dice amigos; ellas están de acuerdo. «Es que éramos de *cuadrillas* diferentes y de clases diferentes», dice Ane.

Las tres empiezan a hablar sobre el significado de la palabra *cuadrilla*: es «lo que te toca», dicen, y añaden que más adelante acabas juntándote con otra gente que comparte tus gustos, tu forma de relacionarte, esas cosas, «de forma más natural», dice Ane, «porque os gusta el fútbol, os quedáis en el comedor, fumáis». Todas nos reímos. Las tres recuerdan habernos conocido de esa manera, a través del deporte, el ocio y el tabaco.

Les pregunto cómo recuerdan a Moio, cómo era él. Ainhoa responde enseguida: «Yo recuerdo a Moio como una persona muy alegre y también muy, muy despistada [nos reímos, confirmándolo]. Aunque, ahora que lo pienso, también era muy terco. Por ejemplo, con la escalada: si le daba por ahí, le daba muchísimo. También recuerdo que era muy competitivo, en los deportes y en los estudios». Todas estamos de acuerdo.

Aiora está pensativa, pero se expresa de forma muy simple: «Yo lo recuerdo un poco como un niño…», y Ane continúa: «Sí, bastante inocente, un poco payaso… de risa fácil, alegre…». Conforme seguimos acumulando adjetivos, parece que vamos tomando ritmo, y entonces Moio recupera su voz y su forma a través de nosotras. Empezamos a recordarlo como si en realidad lo tuviéramos delante. Era pequeño, pero ligero; como un mono, siempre colgado de sitios y saltando. Tenía una sonrisa traviesa y unos grandes ojos claros. También poseía una gran capacidad para hacer el payaso. Ane nos recuerda cómo solía imitar a cantantes y personajes. Nos da un ataque de risa y las carcajadas inundan la habitación. Pienso que Moio sigue teniendo la habilidad de hacernos reír.

Cuando nos tranquilizamos, Ainhoa comenta algo más: «Tengo muy buen recuerdo de dormir en su casa, en el desván. Lo pasábamos muy bien, porque le gustaba mucho compartir, era muy abierto, disfrutaba estando con gente… No sé, hay gente que es como más suya, o más cerrada. Moio no era para nada así».

Paramos de hablar. Sabemos que existía un contraste; que su lado más alegre y divertido convivía con otro más oscuro. Ha sido tan bonito recordar a Moio tal y como lo hemos hecho, que por un instante hemos querido prolongarlo, no dejar ir ese momento todavía. Sabemos que ahora toca hablar de lo otro, de *lo ocurrido*, lo que nos ha reunido hoy aquí. Esa otra cosa es más triste y es más difícil acceder a ella. Por aquel entonces tal vez ya lo intuíamos, pero todavía no sabíamos identificarlo. Finalmente nos enfrentamos también a ello, pero no nos ponemos de acuerdo en cómo llamar a esa otra parte. Usamos palabras como «oscuro», «adulto», «paranoico» y «profundo», pero su definición no alcanza a Moio.

Dice Ainhoa: «Sí, pero echando la vista atrás, ahí ya estaba jodido. Yo creo que no nos dábamos cuenta de lo mal que estaba… Y luego te sientes muy mal, "¿cómo no me di cuenta?". Pero es así, yo no me daba cuenta…».

Aiora: «Yo muchas veces pienso lo mismo».

Parece que no queremos enfrentarnos a ello todavía, y cambiamos de tema. Hablamos del apodo de Aimar: Moio. Lo llamamos así durante muchos años: Moio, casi nunca Amaia. Pero no sé de dónde viene. Ane recuerda el origen. «Todo empezó como una broma, "tendríais que haber sido tres hermanos: Paul, Ander y Amoio", y de ahí salió Moio». Aiora reflexiona: «De alguna manera, hablábamos intuitivamente de algo que ni entendíamos, pero tenía todo el sentido del mundo». Ainhoa añade: «Le gustaba mucho. Como si fuera un nombre hecho a su medida».

Echando la vista atrás, viéndonos a nosotras mismas hace más de una década, no sabíamos mucho sobre lo trans, por no decir que no teníamos ni idea; sin embargo, partiendo de esa intuición que menciona Aiora, en una suerte de juego inocente, empezamos a decir algunas cosas. En definitiva, vimos a nuestro amigo y lo nombramos.

Les pregunto directamente por lo trans; en concreto, sobre lo que sabían y entendían al respecto por aquel entonces. Ainhoa toma la palabra: «La verdad es que en aquella época y con esa edad no le dábamos tantas vueltas. Es decir, "¿que eres lesbiana? Pues guay". Pero hasta ahí: lo de ser trans ni siquiera era una opción. Y muchas veces me siento mal pensando en el día en el que me lo contó. Porque me lo explicó claramente, pero a mí me costaba entenderlo, y se lo dije: que estaba todo bien, pero que no lograba entenderlo. "No es que me parezca mal lo que tú sientes, lo que pasa es que, como yo no siento eso, no logro entenderlo". Y ahora pienso: ¿cómo pude decirle algo así?».

Ane dice algo que podría resultar tranquilizador: «Bueno, era algo extraño, nuevo para todas nosotras... Ante una cosa así se reacciona como se puede».

Como cada vez que hablamos del tema, también esta vez la culpa y la autojustificación se han apoderado de la cocina. Les pregunto: «¿Vosotras creéis que, sabiendo todo lo que sabemos hoy en día (y no me refiero solo a lo que nos ha tocado, sino a todo lo mediático y lo social) reaccionaríais de la misma manera?».

Las tres responden claramente: «No».

Ane: «Yo tengo claro que no, ahora sabemos muchísimo más».

Ainhoa atribuye el cambio tanto a todo lo que conocemos ahora como a nuestra edad: «Sabemos más y tenemos otra edad. De joven no se tiene tanta conciencia sobre las consecuencias de lo que una dice. O sea, no eres tan consciente de que aunque no estés diciendo nada malo, las consecuencias pueden llegar a serlo».

Aiora lo corrobora con otra idea que se ha repetido ya varias veces, que ser trans no era ni siquiera una opción por aquel entonces: «Y yo creo que ahora identificaríamos mejor algunas cosas porque, dejando de lado lo personal, sabemos mucho más. Es decir, que sabríamos o intuiríamos algo incluso antes de que nos lo dijera. Pero entonces no era así, ni siquiera nos lo planteábamos».

Ainhoa: «Sí, y tampoco ha pasado tanto tiempo, ¿eh? Y yo me tenía por *progre,* o bueno, llámalo como quieras. Creía que era abierta, comprensiva... Pero claro, por muy comprensiva que fueras, no tenías ni idea de lo que estabas hablando, no sabías qué era lo que había que entender, no sé…».

Volvemos a hablar de cómo era Moio. Solemos comentar que su último año fue bastante malo, y nos planteamos hasta qué punto estuvieron relacionados con su transición los malentendidos y los desencuentros de esa época. Aiora no tiene ninguna duda, el cambio fue notable desde que dijo que era trans: «De todos modos, yo sí que creo que hubo un cambio. Dejó de ser alegre, divertido, como un niño, y se convirtió en todo cabeza, estaba todo el día pensando. Una vez me dijo que a veces parecía que estaba en otro mundo, o despistado, pero que en realidad estaba pensando en esas cosas, en la transición y así. Y cuando por fin compartió todo eso con el exterior, hubo un choque con nosotras y con la sociedad. Creo que él también quiso echar marcha atrás en muchas ocasiones. Quería vivir acorde a lo que era, pero las respuestas que recibió cuestionaban su identidad, y ahí comenzó a mostrarse un conflicto que hasta entonces había permanecido oculto. Yo creo que empezó a estar notablemente mal a partir de ese choque».

A continuación, Ainhoa dice algo que me emociona, refiriéndose a esos malestares en los que hasta ahora no me he fijado en profundidad: «Y no éramos ignorantes solo respecto a todo lo trans, sino también respecto al estar mal. No sabíamos identificarlo y no sabíamos qué hacer cuando alguien estaba mal. Por ejemplo, cuando estábamos de fiesta y empezaba a hacer cosas raras, como irse a casa andando durante no sé cuántas horas…».

Ane: «Sí, hubo varias de esas. Y en el momento le echábamos un poco la bronca, "pero, Moio, ¿por qué haces eso?". A la siguiente le decíamos, "avisa y nos vamos contigo" y cosas así, pero nadie lo relacionaba con que estuviera mal, o con que le pasara algo».

Ainhoa: «Sí, con esa edad solíamos zanjar el tema con un "jo, menudo pedo te pillaste", o cualquier mierda… Ahora lo piensas y eran señales más que evidentes, pero…».

Aiora: «Y era difícil tratar con él cuando se ponía así, se cerraba en banda…».

Recuerdo con extraña nitidez aquella sensación postadolescente de estar muy perdida ante el malestar de mi amigo y el mío propio. Las palabras de mis amigas me confirman todo lo que hemos aprendido, también sobre la salud mental y sus consecuencias, y también que se está dando un gran cambio en la sociedad.

Estamos hablando en euskera y la ausencia de marcas de género de la lengua nos aleja de una de las cuestiones más problemáticas que cruzaron la transición de Moio y de tantas otras personas trans. En un momento dado, Ainhoa dice una frase en castellano refiriéndose a Moio en femenino y se retracta rápidamente: «¿Veis? Todavía a veces se me escapa el femenino. Mira que llevo años intentando corregirlo, pero se me acaba escapando».

Aiora concluye: «Bueno, Ainhoa, la verdad es que nunca le hablamos del todo en masculino».

Ainhoa: «Ya, y mira que nos lo pidió… Cuando me lo pidió a mí, le dije que "claro que sí", pero era como si tuviéramos que acostumbrarnos…».

No pasó tanto tiempo desde que nos pidió que lo tratáramos en masculino hasta que se suicidó, y pienso que mucha gente empezó a referirse a él en masculino únicamente tras su muerte. Y tampoco siempre.

No quiero castigarnos, pero me gustaría preguntarles cómo recuerdan ese momento en el que nos pidió que nos refiriéramos a él en masculino. Y, sobre todo, cómo reaccionó el resto; no solo nosotras, sus amigas, sino todo el entorno, el pueblo. Tengo la sensación de que nos escudamos demasiado en frases como «es que me cuesta» o «tengo que acostumbrarme».

Aiora pone el foco en esas excusas que se utilizan para no dirigirse a las personas trans por su género y que también nosotras utilizamos: «Yo creo que todo el grupo se dedicó a repetir el mantra de "no-lo-entiendo-no-lo-entiendo"; que, en lugar de hacer un esfuerzo para comprenderlo, nos protegimos en esa incapacidad colectiva de entenderlo. Lo hacíamos sin mala intención, pero hablábamos de ello como "una movida suya"».

Ainhoa lo recuerda de manera diferente: «Pues no sé yo, cuando me lo contó a mí me pareció estupendo, no hubo mayor problema. Pero igual en el momento no piensas lo importante que es para él, cuánto lo necesita.

Para mí no es que no lo entendiéramos, justo lo contrario, era un "guay, vale, lo haré", pero claro, si no le das la importancia suficiente no lo interiorizas, y entonces no te sale de forma natural, porque no pensaste que fuera tan importante. Y sí que lo era».

Aiora: «Bueno, y en general también diría que muchos se tomaron lo de hablar en masculino como una excentricidad más de Moio. Igual nosotras no lo vimos así, pero en general sí. No sé».

Ane: «Sí, y no veíamos la relación entre su transición y otras cosas que hacía. Por ejemplo, cuando dejó los diarios en el local».

Como ya he contado, Moio nos dejó en el local sus diarios la semana antes de suicidarse. Diría que el de los diarios es, sin duda, un episodio que sus amigas nunca olvidaremos. Por un lado, por las confesiones en ocasiones tan duras que había en sus diarios; por otro lado, porque en el momento no supimos leerlo entre líneas. Entre las que estamos hoy, solo Ane y Ainhoa los leyeron al completo, y todavía nos surgen muchas dudas en torno a su gesto. Siento que necesitamos cerrar ese capítulo y que estamos preparadas.

Ainhoa dice: «Han tenido que pasar los años para que yo pudiera entender que el dejarnos sus diarios fue un acto desesperado, o tal vez también un gesto de despedida. En el momento no supe verlo».

Ane: «Sí, yo tampoco lo entendí. Llegué a esa conclusión con los años, tras darle muchas vueltas».

Aiora: «Yo he necesitado muchos años para entenderlo, pero no porque haya dedicado todo ese tiempo a pensar sobre ello, sino porque durante mucho tiempo he sentido la necesidad de no pensar en ello».

Ane: «Yo también».

No sé si en aquel momento lo entendí, o si hice una interpretación tan clara, pero lo que sí sé es que nunca tuve necesidad de leerlos, ni entonces ni después, y todavía no comprendo muy bien por qué.

El tema de los diarios nos lleva inevitablemente al día en el que Moio se suicidó. En este ejercicio de memoria colectivo, en esta conversación y también en las previas, me he encontrado con muy poca gente que sea capaz de narrar de forma clara *lo ocurrido* y la cronología de los días posteriores. Estoy tratando de completar un mosaico; entre todas intentamos formar un mapa que, más que reflejar los hechos, busca señalar muchos recuerdos pequeñitos. Cada cual tiene su relato de *lo ocurrido*, su recuerdo; cómo y dónde lo supo, qué sintió, qué pensó y qué hizo entonces. Me parece importante recoger esas vivencias, no porque tengan un gran valor documental, sino porque, al hacer memoria sobre Moio, no podemos olvidarnos de cómo su muerte perturbó nuestros cuerpos, qué nos hizo sentir, qué herramientas utilizamos y qué comportamientos adoptamos. Qué se hace ante algo así. Ese mapa emocional también es importante.

Ainhoa cuenta cómo recibió ella la noticia: «Me llamó una amiga. Yo trabajaba en una carnicería, en Donostia, y solía dejar el móvil en el vestuario. Cuando acabé la jornada, cogí el móvil y vi que tenía muchísimas llamadas, y mensajes que decían cosas como "llámame en cuanto puedas", pero sin concretar qué había pasado. Llamé a esta amiga, y me preguntó "¿te has enterado?", y yo le dije "¿de qué?" y ella respondió con un simple "Moio". "Moio", solo dijo eso. Y al final me contó lo que había pasado. Creo que el tiempo que tardé en esperar al autobús, cogerlo y llegar hasta Hernani fue la hora más larga de mi vida. Fue horrible. Recuerdo que fui directa al local, pero poco más».

Todas compartimos esa sensación de confusión tras conocer la noticia; no recordamos mucho, es una vorágine que carece de recuerdos concretos.

Ainhoa dice que cuando trató de ordenar sus recuerdos fue rememorando también otros momentos: «Más tarde me he dado cuenta de que ese día, antes de ir a trabajar, mientras tomábamos un café en la plaza de los Tilos —diría que estábamos las tres [Ane, Aiora y Ainhoa]—, escuchamos el sonido de sirenas y pensamos "fijo que ha pasado algo heavy", porque se oían ambulancias, policías… de todo. Pero todavía no sabíamos nada, así que me fui a trabajar».

El relato de Aiora describe a la perfección mi recuerdo de esos días: «A mí me lo contó mi madre por teléfono. Estábamos tomando el café. Tú [Ainhoa] ya te habías ido, y Ane también, y estaba con otra gente en los Tilos, y me llamó y noté algo raro en su voz, me preguntaba muchas cosas: "¿Dónde estás? ¿Con quién? ¿Estás sentada?". Y yo le dije "ama, ¿qué pasa?" y al final me dijo lo que había pasado, y recuerdo que le contesté "ah, vale", y que ella me dijo "¿cómo que ah, vale, Aiora?". Estaba flipando con mi reacción, y creo que me enfadé con ella, sin razón, pero me enfadé. Después llamé a un montón de gente».

Ane: «Por ejemplo a mí. Acababa de salir de la ducha cuando recibí tu llamada».

Aiora: «Yo entré en estado de shock en ese mismo momento y seguí haciendo vida normal durante algunas horas; por ejemplo, fui a buscar al colegio a la niña a la que cuidaba por aquel entonces. Creo que al principio me sentí incluso aliviada. Sé que suena duro, pero pensé "bueno, ya está, se ha terminado. Tú lo has decidido y así lo has hecho", como si fuera un cierre. No quería que terminara así, pero él lo había decidido, y como que lo acepté. Luego, claro, llegaron otras muchas fases, el enfado, el dolor…».

De las palabras de Aiora aflora una sospecha que pocas veces me he permitido enunciar en voz alta. Se lo pregunto, esperando escuchar lo que ni yo misma me atrevo a decir: «¿Fue como si te lo esperaras?».

Aiora me responde con firmeza, y también con voz triste: «No sabía que fuera a acabar así, pero sentía que tenía algo pensado».

Ainhoa también tira del hilo: «Ahora me doy cuenta de que sí, de que ya nos había avisado, ya había hablado del tema, pero ¿sabéis esa frase típica de que "el que avisa no lo hace"? Pues cuando al final lo hace, piensas: "Ya había avisado, pero no le creímos"».

Tras un momento de silencio, Aiora añade, como si lo hubiera pensado mejor: «Esperas que pase y al mismo tiempo no lo esperas. Porque su malestar, esa cosa suya iba *in crescendo*, la intensidad era cada vez mayor, "se te está yendo, se te está yendo..." y *boom*. Así que yo creo que sí, que estaba intentando llamar nuestra atención desde hacía tiempo».

Me fijo en que Ane está más callada que las demás. Aunque Moio y ella eran amigos íntimos, nunca ha sido de hablar mucho; sin embargo, creo que esta conversación también está siendo sanadora para ella. No todos tenemos la misma necesidad de hablar, creo que algunas personas también sanan escuchando hablar a los demás. Al preguntarles por los días siguientes a su muerte, ella es la primera en responder: «Yo tengo bastante lío con los siguientes días y meses, se me entremezclan».

Ainhoa: «Yo me acuerdo de que estaba en el tanatorio de Rekalde y mi madre me dijo que fuera, que si no me arrepentiría. Pero yo no quería ir, no podía, y a día de hoy me da pena, pero en aquel momento fui incapaz. No tanto por verlo, sino por hacer acto de presencia, pero no tuve valor».

Aiora: «A mí también me costó mucho ir. A decir verdad, no fui hasta el último momento, con una sensación de "ahora o nunca". Mucha gente se había ofrecido a llevarme, pero no quería ir, y recuerdo que al final vino Maddi y me dijo "te llevo yo, Aiora, de verdad, vente, no te arrepentirás" y que al final fui y que estuve ahí, y que estuve con su madre, y que nos abrazamos, pero ya está».

Ane: «Yo sé que fui, pero no recuerdo con quién, ni qué pasó».

Yo tampoco.

El 25 de abril de 2007 se le hizo una despedida laica a Moio en la plaza de Hernani, tal y como él había indicado por escrito. Una despedida civil, popular y a la que acudió muchísima gente. Se organizó con mucho trabajo y mucho mimo; cada cual aportó lo que pudo. Más adelante se convertiría en un gran precedente de los funerales civiles en Hernani. También fue una forma de ruptura y sanación colectiva; ponía de manifiesto la necesidad de nuevos ritos y de sacar a relucir algunos temas, dejando de lado los tabúes. Seguramente en aquel momento no fuimos capaces de entender la importancia de todo eso.

Quiero saber cómo recuerdan ellas aquel momento en el que el dolor lo inundaba todo. Ainhoa toma la palabra: «Me acuerdo de que nos pusimos enfrente del escenario, pero como en segunda fila, y de que su madre vino a decirnos que nos colocáramos delante. Ni siquiera supimos ponernos en primera fila por nuestra cuenta».

Ane le da un contexto emocional a sus palabras: «Estábamos completamente en shock, Ainhoa, completamente». Aiora añade: «Sí, estábamos en shock y también en una especie de burbuja. Yo no me enteraba de nada, podían haberme llevado a primera fila o a cualquier lugar, no creo que fuéramos muy capaces de tomar decisiones en ese momento».

Ane recuerda algunas cosas con mayor precisión: «En la despedida subimos al escenario y tú [Kattalin] leíste un texto en nombre de todas nosotras». Ainhoa no lo ve con tanta nitidez, pero sí tiene una sensación imperante: «Lo que sí sé es que fue una despedida preciosa. Aunque no pueda recordarla con claridad, sé que lo fue. Además, él estaba tan en contra de la Iglesia… Y nos despedimos de él como él quería, respetando esa petición. Eso fue bonito».

Se ha hecho un breve silencio, es como si quisiéramos atrapar la belleza que hubo entre tanto dolor y que en su momento fuimos incapaces de percibir. Respiramos y Ainhoa retoma la conversación: «¿Y qué hicimos después?».

Me quedo callada, no quiero condicionar el relato de las demás, pero yo recuerdo claramente que nos tomamos un chupito de Jack Daniel's en el Kitto. No sé por qué lo hicimos, porque nunca bebíamos whisky, pero lo recuerdo perfectamente.

Hablando de sensaciones, Aiora evoca las reacciones de su entorno: «Ese día no tomamos ningún ansiolítico ni nada, y aun y todo la gente nos decía “qué cara de colocadas lleváis…”, pues claro, ¡cómo no íbamos a tener cara de colocadas…! De eso me acuerdo mucho, de la incapacidad de la gente; nadie se nos acercaba, ni nos decía nada, no en ese momento. Ya sabían que volvíamos del funeral…».

Ane: «Sí, como si no se atrevieran, o como si les diéramos pena».

Aiora: «Y ya sé que no iba a malas, pero en el pueblo, o en la plaza de los Tilos en ese momento, había como un bloqueo general».

Les pregunto si ahora la gente recuerda a Moio o les pregunta sobre él, y cómo se sienten al respecto. Ainhoa nos cuenta una anécdota: «Mira, el año pasado fui a una boda y coincidí con una mujer que trabajaba como auxiliar. Estuvimos hablando y me dijo “jo, pues conmigo trabajaba una mujer a la que se le murió el hijo, se suicidó por esto” y tal, y claro, enseguida supe que se refería a Isabel [la madre de Moio] y le dije: “jo, pues él era de mi cuadrilla”, y se quedó muy cortada y me dijo “perdona, no quería sacar el tema…” y yo le dije que estuviera tranquila, que me alegraba que todavía la gente se acordara de él y que ella lo había comentado como algo importante, no desde el cotilleo».

Desde que tengo este libro en mente y he empezado con estas conversaciones, siento que mi necesidad de escribir y de escuchar es proporcional a la que tienen los demás de contar. Ainhoa dice: «Hablar era difícil. Por un lado, porque en aquel entonces yo no quería hablar de ello; pero también porque tampoco sabíamos por dónde empezar».

Ane: «Y porque puede que las necesidades de cada una y las de las demás fueran diferentes. Recuerdo que hubo una época en la que una amiga siempre sacaba el tema cuando estábamos de fiesta y que se me hacía pesado; no era ni el momento ni el lugar».

Ainhoa: «A mí me pasaba igual, durante mucho tiempo no quise hablar de ello, y menos de fiesta».

Ane: «Es que pasaba todas las veces, y al final me enfadaba, "llevamos toda la tarde juntas, ¿tienes que sacar el tema ahora?". Pero luego pensé que tal vez solo tenía esa manera de hablar de ello, no lo sé».

Les pregunto con quién hablan sobre Moio, si es que hablan sobre él.

Ane repite que durante mucho tiempo no ha hablado de ello; pero que últimamente lo hace con Nuria (la que al final no ha venido hoy): «Ahora hablamos y recordamos anécdotas, nos reímos... Es como si lo viéramos desde otro sitio». Por otro lado, Ainhoa, tal y como ya he ido percibiendo, no ha querido hablar del tema hasta hace poco: «Yo lo había hablado muy poco hasta que nos juntamos el otro día en la comida. Le he contado alguna cosa a mi pareja, pero en general no hablo de ello».

Aiora: «A mí me han hecho falta muchos años, pero ahora estoy dispuesta a hablar; y no es solo disposición, por primera vez tengo ganas de hacerlo. Antes no podía, y ahora sí».

He pausado la grabadora por un momento, porque creo que necesitamos un descanso. Nos levantamos y salimos a fumar al balcón. Me gusta nuestra capacidad de pasar de un tema serio a la normalidad. Noto que, aunque sea duro, ha cambiado algo, y ahora hablamos desde otro lugar. La emoción sigue ahí, pero prevalece cierta calma. También hay gran parte de compromiso. «Pasó esto, y no podemos negarlo. Nuestra única responsabilidad es hablar de ello. Contarlo».

Para cerrar el tema de manera constructiva, les pregunto qué les ha dejado Moio, qué les ha enseñado, qué han sacado en claro de todo esto. Ainhoa se refiere sin dudarlo a lo trans, y sobre todo a la transfobia: «Cambió la idea que yo tenía no solo sobre lo trans sino también sobre el sufrimiento. Me refiero a esa ignorancia que he nombrado antes. Es decir, para mí era algo parecido a la homosexualidad, y ahora veo que son dos cosas totalmente diferentes. Y aunque contara con nuestro apoyo, tuvo que sufrir muchísimo. Es toda una sociedad la que no logra entenderte.

Me hizo replantearme muchas cosas, cosas prácticas. Por ejemplo, si vas al gimnasio, ¿a dónde vas?, ¿a qué vestuario? Antes no se me ocurriría pensar en esas cuestiones, y ahora ya sí. No sé cuál es la solución, pero está claro que a día de hoy no hay muchas opciones. Y no solo eso, hay otras miles de cosas que pasan en el día a día, no de forma puntual. Y eso debe de ser durísimo, claro».

Aiora también habla sobre lo trans: «Yo ahora tengo muchísima más empatía con las personas trans, o con personas en una determinada situación; se me encienden las alarmas».

Ainhoa: «Es imposible ponerte completamente en su lugar, pero lo intentas más. De todos modos, seguro que para nuestros hijos será más fácil y estará más normalizado, aunque aún siga habiendo dificultades; o eso espero, al menos».

Aiora: «Yo noto cierto cambio social, al menos en cuanto a lo políticamente correcto; pero aún hay muchísima transfobia».

Ainhoa: «Sí, o la gente que dice que le parece muy bien, pero que mejor "no le toque de cerca". Ese "te respeto" dicho desde la distancia, ¿pero qué hostias me tienes que respetar tú a mí? En fin, cuando escuchas cosas así muchas veces terminas por callarte, porque no puedes vivir en una lucha constante. Pero se escuchan muchas burradas, y en ese momento te gustaría contestar cualquier mierda».

Aiora: «Yo hubo una temporada en la que me tomaba esas cosas de manera muy personal. Me dolían y me hacían sentir interpelada…».

Ainhoa: «Me alegré mucho cuando me contaste lo del libro, porque de alguna forma estamos diciendo: "ha pasado esto, estas cosas pasan", y de alguna manera eso se queda ahí, registrado. Además, al menos en la década que ha transcurrido desde que falleció, no se ha hecho nada al respecto en el pueblo, y espero que el libro también sirva para eso».

Nos despedimos con abrazos y agradeciéndonos mutuamente el día de hoy; cuando dejamos atrás el calor de la casa de Ainhoa, hace rato que ha oscurecido. El viento sopla fuerte junto a la lluvia, y no parece importarnos demasiado. Nos inunda una extraña alegría, algo así como una ligereza merecida que hasta ahora desconocíamos. Este día, que quizás para algunas haya llegado algo tarde, llega para mí justo cuando más lo necesitaba.

PARTE 2

CUANDO LO OCULTO EMERGE

Ander Elosegi Ansa

Ander Elosegi Ansa es el segundo de tres hermanos; es menor que Paul y mayor que Aimar. Cuando su hermano se suicidó, él tenía veintitrés años. Durante todo este tiempo, he hablado bastante con su familia, aunque casi siempre lo he hecho con sus padres, Isabel y Antxon. No sé por qué, pero tengo el presentimiento de que Ander también tiene mucho que decir. El tiempo pasa para todos, y le propongo hablar desde esa perspectiva.

Quedamos por primera vez en marzo de 2018. La verdad es que no recuerdo bien cómo fue el primer contacto, si fue por teléfono o si le mandé un mensaje, pero me acuerdo de que respondió con gran entusiasmo a mi invitación para tomarnos un café; percibí que estaba dispuesto a hablar. Aunque los dos somos de Hernani, quedamos en Donostia, en esa cafetería en la que luego me reuniría para hacer tantas otras entrevistas para este libro.

Cuando pienso en Ander, recuerdo cuánto lo admiraba Aimar, las veces que me contó que era su modelo a seguir. Por eso, o por la relación que yo sabía que tenían, intuía que Ander estaba dispuesto a conversar, pero tampoco estaba segura de si tendría las ganas o el tiempo de participar en este proyecto. Por eso quise quedar con él antes, porque, aunque ya había hablado con su madre y su padre sobre el libro, no había tenido la oportunidad de comentárselo a él. Hasta entonces no habíamos encontrado el momento para hablar sobre Aimar, aunque nos unía un profundo cariño mutuo. Más tarde comprendí que él también necesitaba tener esa conversación.

Para cuando nos damos cuenta, es el día de la cita. Cuando llega, me confiesa que está bastante nervioso, pero también «ilusionado» y «emocionado». Esas han sido sus palabras, y yo también noto algo parecido. Así es como me siento cada vez que hablo con algún familiar de Moio: emocionada, nerviosa y con un poco de responsabilidad. Quiero tratarlo con respeto, me preocupa que, con la excusa del libro, se remueva la memoria de un hecho que cambió sus vidas para siempre.

No pedimos café, sino cerveza, y eso le da a la reunión un aire más distendido. Le digo algo así como «hoy no tenemos por qué hacer nada, solo quiero contarte en qué consiste el proyecto y preguntarte si estás dispuesto a participar». Sin embargo, él entra de lleno y enseguida me habla de sus recuerdos, dejando claro que esto también es importante para él. Así que está claro que Ander tiene algo que contar y que este libro le debe un espacio. De todos modos, hoy no he traído la grabadora. En este proceso, estoy aprendiendo que también hay que disfrutar de las conversaciones tal y como suceden y que también es importante llevarse a casa impresiones y emociones, no solo apuntes.

Al fresco de la terraza, hemos estado rememorando a su hermano y poniéndonos al día durante un buen rato. Ha sido muy agradable, distendido, cómodo. Le he dicho que yo me encargo de llamarlo y concretar una cita para la entrevista. «Te llamaré», «cuando quieras». Nos despedimos. Vuelvo a casa con una buena sensación.

Volvemos a quedar a principios de otoño, de nuevo en la misma cafetería; de alguna manera, siento que vernos fuera de Hernani nos proporciona un anonimato que a ambos nos resulta cómodo. Esta vez le he mandado las preguntas de antemano, y los dos tenemos claro que la grabadora estará encendida. Sin embargo, Ander habla con gran entusiasmo sobre aquellos tiempos; lo hace casi antes de que pueda formular la pregunta, como si ya tuviera la respuesta pensada. Dice que ha pasado mucho tiempo desde *aquello* y que nosotros mismos hemos cambiado mucho. Le pido que me cuente qué recuerda de su relación con Aimar, y comienza a hablar: «Yo lo conocía desde pequeño —es decir, desde que nació—, y en mi recuerdo es una persona muy bromista, alegre; jugábamos mucho juntos. Era deportista, muy deportista; y también muy competitivo».

Así es como comienza a hablar de su hermano; yo me muestro de acuerdo con su descripción. Recuerdo aquella época en la que jugábamos al fútbol, y lo orgulloso que estaba, sobre todo en los últimos años, de ser el capitán del equipo. Pero el fútbol no era el único deporte que practicaba. Ander hace hincapié en la verdadera pasión de Moio: «Sobre todo lo recuerdo haciendo judo, porque era buenísimo, diría que trajo a casa medallas de oro de cada una de las competiciones en las que participó. Pero yo creo que lo que más ilusión le hacía era ganar a los chicos en los entrenamientos». Ander tiene razón, yo también me acuerdo de la importancia que tenía para él poder competir con otros chicos y, sobre todo, ser capaz de ganarles. Es como si, de algún modo, sintiera que estaba traspasando los límites biologicistas socialmente aceptados; era su forma de decir «soy tan bueno como ellos, o mejor».

Dejando de lado el tema del deporte, Ander vuelve a hablar sobre su relación: «Nos llevábamos tres cursos, pero solo dos años, así que desde pequeños tuvimos una relación muy estrecha y jugábamos mucho juntos. Vivimos todas las cosas a la vez y juntos, al menos durante esos primeros años. Luego la vida sigue, llega la adolescencia, empiezas a quedar más con los amigos… Pero recuerdo que de pequeños éramos uña y carne, en todo. Y de más mayores también, ¿eh? Pero de forma diferente, porque cada uno empieza a tener su propia vida».

Como antes ha mencionado que Moio era bromista, le pregunto a ver si de mayor, sobre todo en los últimos años, seguía siéndolo. No duda: «Yo creo que esa carga sobre su identidad estaba cada vez más presente, y me parece que al crecer dejó de ser tan bromista, tan alegre; aunque su carácter lo fuera, creo que en la última época estuvo más triste… Bueno, y por eso estamos aquí, porque eso le afectó tanto que se suicidó».

Ander lo dice sin tapujos, me quedo atónita: «Por eso estamos aquí». Eso me permite hablar tranquilamente, dejando de lado los eufemismos; es un camino muy difícil, pero importantísimo. Sus palabras son una forma de dejar atrás tantos *aquellos*. El hecho de que Moio se suicidara es, sin ápice de duda, una de las razones por las que hoy estamos aquí; pero también lo es la relación de esa muerte con lo trans, o mejor dicho, con la transfobia. Llegados a este punto, dejo de lado mi prudencia inicial y le sigo preguntando sobre su relación, y también sobre la transición. «Recuerdo que nuestra relación, que era tan estrecha, cambió mucho desde el momento en el que me dijo que era un hombre. Porque yo quería seguir teniendo esa relación cercana, pero no sé, no lograba encontrar la manera… Y me acuerdo de que una noche estaba en casa, pensando sobre eso, cuando Aimar salió de su habitación, y yo le dije: "Ey, Aimar, ven, vamos a hablar", o algo por el estilo, y entonces le comenté: "Jo, me parece que últimamente no tenemos una relación muy cercana, o que nos estamos alejando…". Él se quedó bastante callado, y la conversación no fue a más. Nos queríamos mucho, y creo que ambos lo sabíamos; pero la conversación se quedó estancada, no avanzó, y yo pues quería saber qué podía hacer para recuperar nuestra relación, pero no pude, bueno, no fue posible; es así como ocurrió».

«¿Por qué crees eso?», le pregunto, «¿crees que tuvo que ver con la adolescencia, con que os alejarais de manera natural, o que fue porque te contó que era un chico, y eso fue difícil de gestionar…?». Ander se toma un tiempo para reflexionar, como si estuviera dándole forma a aquello que intuye. Cuando por fin habla, lo hace de seguido: «Bueno, ambas cosas. Por un lado está lo que he nombrado antes, ese distanciamiento que ocurre de forma natural. Cuando yo era adolescente empecé a hacer planes con mis amigos, y así, pero desde que dijo que era un chico también nos alejamos; no sé si fue cosa mía, o suya, o de los dos…». Vuelve a tomarse unos segundos, como si estuviera tratando de acordarse de la sensación de entonces desde la perspectiva actual. Respira y continúa hablando: «La situación era complicada y bastante difícil, yo tampoco llegué a asimilarlo del todo en el momento. Te cuentan algo y dices "vale", pero de ahí a que deje poso… Yo, al menos, tenía mis resistencias y necesitaba mi tiempo. Era como "vale, es un hombre, y por supuesto que voy a respetarlo, e intentaré llevarlo lo mejor que pueda", pero yo también veía que eso me implicaba a mí de alguna manera… Por ejemplo: "¿Cómo se lo cuento a mis amigos?, ¿cómo se habla de esto?". Y ahí empiezan a surgir los miedos, temes a la sociedad, no sabes cómo se percibirá el cambio…».

Quiero saber si él tiene alguna idea de cómo vivió su hermano Aimar esa misma experiencia. Es decir, qué notó en él desde que le contó que era trans, que era un hombre; a ver si lo notaba más aliviado, o más inquieto. «Pues, a decir verdad, no lo sé. Creo que, por un lado, hasta entonces había cargado con ello él solo; era algo que llevaba dentro y que, en cierta medida, le resultaba fácil. Tal vez pensara "no hablo sobre ello, llevo toda la vida haciéndolo así y todo sigue su curso...", pero una vez lo dices en voz alta tienes que empezar a luchar contra la mentalidad de toda la sociedad. Vas en sentido contrario, como si tuvieras que andar justificándote. Ahora que lo pienso, si yo mismo viví con dificultad lo de tener que justificarme, pues no quiero ni imaginarme cómo lo vivió él. Tienes que decir en tu entorno que eres trans y empiezas a pensar "tengo que defender esto todo el rato", yo creo que eso es una carga impensable para nosotros y que eso fue lo más difícil para él».

Me doy cuenta de que nos estamos adelantando, porque todavía no le he preguntado cómo supo que su hermano era trans. Quién se lo dijo, cómo, cuándo... «No me lo dijo a mí. Se lo dijo a uno de mi cuadrilla estando de fiesta, y después esa persona vino a contármelo a mí. Me dijo: "Jo, pues he estado hablando con tu hermana (así me lo dijo él) y me ha comentado que, pues eso, que se siente hombre...". En ese momento, de fiesta, oyéndolo de la boca de un amigo… No podía asimilarlo, no podía, y empecé a repetir "no digas eso, no lo digas" porque no quería creérmelo; tenía una especie de barrera ahí que no me permitía creerlo. Luego empiezas a pensar en ello y te das cuenta, jo, ¡cuántas pistas había! Pero por muchas pistas que dejara, yo tenía una especie de pantalla. Ese día no paraba de negárselo al amigo que me lo contó, le pedía que dejara de decirlo. Además, quería contrastar lo que me había contado, porque a mí no me había dicho nada de eso, ¿por qué se lo iba a decir a uno de mi cuadrilla, y además de fiesta? Y fíjate cómo son las cosas, yo seguí diciéndole que se callara, y él insistía, decía "¡que sí, que me lo ha dicho ella!", y al final acabamos peleándonos».

Respondo a su relato con otra pregunta: «¿Y le contaste algo sobre eso a Aimar?». Me responde enseguida: «No me acuerdo muy bien, pero creo que después de que ocurriera no le dije nada a Aimar, me lo guardé para mí; sé que al poco tiempo, a la semana o así, nos lo dijo. Primero se lo dijo a la ama y luego a mí, creo. Cuando me lo dijo, pues, no sé, creo que le contesté, con la mayor serenidad que pude, que lo respetaba, que iba a necesitar un poco de tiempo para asimilarlo y que dejara poso, pero que mi prioridad era ponérselo a él lo más fácil posible. O algo así».

Me he quedado pillada con la bronca de Ander con su amigo, porque, aunque no recuerdo el día exacto, sí que tengo en mente esa época tan agitada en la que Moio iba dejándonos pistas, como si quisiera advertirnos, o como si estuviera preparando el terreno antes de enfrentarse a la maldita conversación.

Ya me ha explicado que, tras lo ocurrido con su amigo, cuando Aimar lo dijo también en casa, una de sus grandes preocupaciones era cómo hacerlo público, cómo contarlo: «Una vez hablado con Aimar, quedaba otra pregunta: "Bueno, ¿y cómo hablamos de esto? ¿Cómo quieres hacerlo? ¿Quieres que se lo contemos al resto, a nuestros amigos, prefieres que no...?". Y su respuesta fue que lo hiciera como yo viera, que se lo comentara a los de mi entorno, si me parecía bien. Así que se lo dije a la gente más cercana de mi cuadrilla; a dos de ellos, y nuestra cuadrilla era muy grande. Y desde aquel momento hasta que se suicidó (pasaron un par de años), solo esas dos personas lo supieron directamente por mí. Sí, me costaba decirlo, hablar sobre ello».

Sigo preguntando, esta vez sobre cómo lo vivió él mismo y si le costó adaptarse, a nivel personal —y respecto a Aimar—, a los cambios del nombre y las marcas de género. «Sí, me costó. Sobre todo el hecho de llamar Aimar a alguien a quien durante toda la vida has llamado Amaia; pues sí, la verdad es que me costó. Seguramente serían mis resistencias, pero también había muchas asociaciones; quiero decir que durante toda mi vida había identificado a esa persona con el nombre de Amaia, y me resultaba difícil identificarlo con otro nombre».

Entonces me viene a la mente la conversación que tuve con mis amigas; a nosotras nunca nos corrigió cuando decíamos mal su nombre, o nos confundíamos con la marca de género. Le pregunto a Ander si a él lo corregía. «No, no, él era muy generoso en ese respecto. Creo que en casa yo fui el que más se esforzó, diría que a mi madre y a mi padre les costó más. Y ahora piensas en ello y empiezas a preguntarte si le hacíamos daño con eso, porque vale, aunque no nos salga natural, vamos a intentarlo todos, ¿no? Pero…».

Le reconozco que con nosotras tampoco insistía mucho en lo del nombre y la marca de género, y entonces él saca el tema del apodo, «Moio»: «Claro, es que además vosotras lo llamabais Moio… Creo que se sentía muy cómodo con ese apodo. En la pared de su cuarto tenía un dibujo que le había hecho alguna de vosotras, en el que aparecía Moio, escrito con letras bonitas. Yo creo que le gustaba mucho, se sentía identificado».

Durante toda la entrevista, y también en ocasiones anteriores, Ander dice el nombre «Aimar» alto y claro; aunque, como él mismo ha admitido, en su día le costó acostumbrarse a ese nombre. La otra vez que nos juntamos ya me dijo lo que pensaba de la composición «Amaia-Aimar»: «Cuando murió, dejó un texto escrito. Cuando se suicidó, llevaba una mochila con un cuaderno y ahí dejó algunas indicaciones: por un lado, explicaba por qué había decidido acabar con su vida; y por otro, o así lo entendí yo, explicaba que quería que en la esquela aparecieran los dos nombres, Amaia y Aimar. Al fin y al cabo, en Hernani lo habíamos conocido como Amaia durante diecinueve años y, a partir de ahí, como Aimar. Creo que lo hizo para ponérnoslo fácil, "que sepáis que quiero que en la esquela aparezcan los dos nombres" o algo por el estilo. Pero no creo que lo hiciera en un sentido identitario, es decir, no creo que estuviera diciendo "yo soy Amaia-Aimar". Y, sobre todo al principio, durante esos primeros años tras su muerte, se dijo así, Amaia-Aimar, y a mí se me hacía extrañísimo, porque él había sido Amaia y después Aimar; o sea, como mucho fue uno u otro. Porque para los que lo conocieron y lo quisieron, fue Amaia durante muchos años; y para algunos siguió siéndolo, no en el mal sentido, sino porque lo habían conocido así. Y también era Aimar, porque así lo fue los últimos años. Pero se me hacía rarísimo escuchar eso de "Amaia-Aimar", porque ese no fue el nombre que eligió él. Si dijeran "Moio", porque vosotras lo llamabais así, me parecería muy bien, ¿pero "Amaia-Aimar"? ¡Pero si nunca ha sido Amaia-Aimar! Así que yo creo que habría que diferenciar ambas cosas: de cara a la esquela, quiso dar fe y despedirse de su antiguo nombre, pero también del nuevo, del que él había elegido».

Cuando Ander planteó esto en la conversación anterior, me di cuenta de que yo también había caído en la trampa, porque yo también decía y escribía «Amaia-Aimar», aunque no tuviera ningún sentido. Desde que me lo verbalizó, no he vuelto a pronunciar esa absurda combinación.

Vamos acercándonos al día de la muerte de Aimar. Me interesa especialmente la vivencia de Ander, porque he hablado muchas veces con su madre, pero nunca con Ander, y sé que tiene muchas cosas que decir. «Tengo un recuerdo muy nítido de algunas cosas. Por ejemplo, me acuerdo de que antes de morir, la noche anterior, se despidió en casa, frente a cada una de las puertas. Noté que se había levantado, porque nuestras puertas estaban una al lado de la otra. Yo estaba en la cama, o en el ordenador, y supe que estaba frente a mi puerta, quieto; después fue a la puerta de mis padres, y volví a notarlo quieto; avanzó unos pasos y se quedó ahí. Más tarde subió al desván, a la habitación de Paul, nuestro hermano, y luego volvió a bajar. No sé si después de eso volvió a meterse a su cuarto; al rato escuché la puerta de la calle y se me hizo un poco raro, pero bueno, con esa edad yo también salía por la noche, y no pasaba nada, ¿no? Y eso fue todo hasta el día siguiente».

«A la mañana fui a la universidad y volví a casa hacia las doce del mediodía, y mi madre estaba muy preocupada, porque por la mañana había ido a despertar a Aimar y se había encontrado con algunos cojines, que él había dejado haciendo la forma de su cuerpo. No pensé que fuera a hacer algo así, no sé, tu cabeza bloquea por completo esa posibilidad. Aunque luego te pones a pensar en ello y ves alguna pista, "alguna vez dijo que sería capaz de acabar con su propia vida…", pero en aquel momento lo que piensas es "estará en casa de alguna amiga" o no sé… Y entonces me fui a trabajar, fui andando, y cuando ya estaba en el bar, serían las dos, vino un amigo de mis padres a avisarme. Me lo dijo entre balbuceos: "Te tienes que ir… Amaia ha tenido un accidente…", y luego vino el dueño del bar y me dijo "no puedes seguir trabajando, tu hermano [Paul] está de camino…". Pero todos estaban nerviosos, muy nerviosos. Todavía no pensaba en ello, tenía una especie de bloqueo que me impedía contemplar que había pasado lo que realmente pasó. Sabía que era algo grave, pero me decía a mí mismo: "Eso no, eso es imposible". Entonces salí del trabajo y mi hermano vino a buscarme, y fuimos a casa en coche. Él conducía muy rápido, estaba como ido, y le dije "Paul, ya conduzco yo", y entonces me puse en el asiento del conductor y conduje hasta casa. En aquel momento, lo único que sabía Paul era lo que le había dicho mi madre en cuanto entró por la puerta: "Paul, Aimar se ha muerto. Coge el coche y ve a por Ander". En casa estaba mi tío, que había ido a identificar el cuerpo tras la llamada de los municipales. Y recuerdo… Mi tío es muy bestia para estas cosas, y yo todavía seguía sin asimilarlo, ya me lo habían contado, pero no lo procesaba, y entonces mi tío me dijo:

"Ya está, se ha muerto, está dentro de una caja y no va a volver". A partir de ahí comienza la nebulosa. Recuerdo momentos concretos con mis amigos, con mi novia… Pero ese es el punto en el que empiezo a notar la nebulosa».

Puede que la despedida de Moio fuera la despedida más multitudinaria celebrada en nuestro pueblo. Para muchos, fue la manera de canalizar nuestro dolor como comunidad, pero también nos sirvió para mostrar nuestra responsabilidad social, nuestro apoyo. Ander, como muchas personas cercanas a Moio, no lo recuerda con claridad. «Luego hubo una despedida en la plaza, y vino muchísima gente, pero no me acuerdo muy bien. Grabaron el acto, y hace muchos años que no veo el vídeo, pero me acuerdo de que, conforme lo veía, iba recordando las cosas, ordenándolas. Pero no me acuerdo de ese día como tal».

Continúa hablando sobre los que organizaron la despedida: «En el momento no piensas en todo el trabajo que hay detrás, en cuánta gente ha tenido que aportar algo para que eso salga adelante. A mí me gustó mucho la despedida, me pareció preciosa. Todo era muy reciente, y los que subieron al escenario, las que subisteis… Pues, joder, fue un acto muy valiente».

Se hizo de forma pública, no escondimos nada. «Sí, recuerdo que en el momento yo no era tan consciente, pero cuando pasó todo y volví al trabajo un compañero me dijo: "Joder, qué valientes habéis sido haciéndolo así, de manera tan pública..." y al mismo tiempo yo no me sentía muy identificado con lo que me decía, porque yo no había estado ahí organizándolo... Pero está claro que la despedida tenía que ser como fue; salió de la propia gente, y fue algo precioso».

Recuerda mucho mejor su despedida particular. «También recuerdo que al final logré asimilar que estaba muerto, pero que tenía la necesidad de ver el cuerpo y que ese primer día no nos dejaban, porque había que hacerle la autopsia. Al día siguiente, en el tanatorio, me acuerdo de que fui directo a verlo, porque tenía el ansia, la necesidad de ver, de verlo. Por lo demás, no recuerdo con quién hablé ese día, ni sobre qué».

Comento con Ander que hay dos grandes tabúes que rodean la muerte de Aimar: el propio suicidio y lo trans. Para él, una carga fue más pesada que la otra: «Jo, pues mira, personalmente yo no viví ni he vivido el suicidio como un tabú, pero lo de la transexualidad... No era un tabú, pero sí algo de lo que no podía hablar con cualquiera, porque no lo entendía todo el mundo... Así que lo del suicidio no lo viví como tabú, pero lo de lo trans sí».

Le pregunto por vivencias concretas. Me habla desde su subjetividad: «Igual fui yo el que lo vivió así, ¿eh? Pero a mí me ha costado mucho hablar sobre su muerte en el trabajo, en mi entorno. Porque hablar sobre su muerte no es solo contar que murió, sino también explicar lo de lo trans y todo lo que supuso. Además, en el momento pensaba: "Ahora tengo que ponerme a dar unas explicaciones que ni yo mismo entiendo". Esas ideas todavía no habían dejado poso, y mi sensación era que tenía que defenderlas. Así que me costó mucho y, además, veía que los demás tampoco lo acababan de entender. Recuerdo que a los seis meses de su muerte, o algo así, se lo conté a un compañero de trabajo y que me respondió alguna tontería, y que me quedé hecho polvo. Eso también me afectó, e hizo que dejara de contarlo, o al menos que no se lo contara a cualquiera y en cualquier situación, porque luego yo tendría que escuchar unas cuantas cosas dolorosas».

Ya han pasado algunos años desde entonces, y quiero saber cuándo empezó a hablar de ello, cuánto duró ese silencio. «Me duró mucho, prefería guardármelo dentro y no contárselo a nadie (sobre todo a la gente nueva que iba conociendo). Hace poco he empezado a contarlo, sobre todo en el trabajo y así. Seguramente sea porque ahora tengo una serenidad que no tenía entonces y porque tampoco crea que tenga que justificar nada. Lo cuento así: mi hermano se suicidó porque era trans, y punto. Que cada uno saque sus propias conclusiones».

Termina diciendo: «Pero sí, imagínate, han pasado muchísimos años… He necesitado todos estos años para llegar hasta aquí».

Comparto con Ander la anécdota que me contó Ixiar Pagoaga, es decir, que tras la muerte de Aimar la gente empezó a contar algunas cosas que había mantenido en secreto hasta entonces; por ejemplo, que sus hijos e hijas eran gays o lesbianas. Ander se alegra de que fuera así, pero quiere matizar: «En realidad, ser gay o lesbiana no tiene que ver necesariamente con ser trans, pero en nuestro imaginario colectivo la identidad y la orientación sexual muchas veces van de la mano, y eso también es la consecuencia del desconocimiento, ¿no? Pero como aspecto positivo, sí que diría que la muerte de Aimar y el hecho de haberla hecho pública, de haber dicho "esto pasa, existe, y además ocurre en nuestro entorno", ha permitido o ha facilitado que algunas personas puedan tener esa sensación de libertad, de pensar "pues sí, lo puedo decir, porque aquí se ha estado haciendo algo al respecto y de forma pública… puedo decirlo, tengo que decirlo"».

Ander no recuerda esa anécdota, pero sí la conversación que tuvo con un amigo: «Recuerdo que uno de mi cuadrilla… Y mira que no me acuerdo de muchas conversaciones, son más bien *flashazos* o frases muy breves… Pero recuerdo que estaba con este amigo y que a él también le había afectado mucho, estaba como pasado de rosca; y a lo mejor ahora el comentario resulta frívolo, pero yo creo que a él le hizo una especie de clic, y me dijo: "Ahora como si alguien me dice que es una flor, yo pienso escucharle y estar al tanto"».

Ander y yo sabemos que no se trata de eso, es decir, que lo trans es una cuestión mucho más precisa y compleja y que tiene un gran peso social, pero entiendo lo que trata de decirme: que cuando conocemos el precio a pagar, todos nos vemos desbordados por una especie de responsabilidad que acarrea, inevitablemente, ciertos cambios en nuestras actitudes.

En cualquier caso, le comento que, aunque tengo la impresión de que aquellos días sí que tuvo lugar cierta toma de conciencia, echo en falta un trabajo más continuado en el pueblo durante los siguientes años. «Sí, yo también lo he vivido así. O sea, creo que caló mucho en la gente cercana a él, o en los del pueblo, porque para la mayoría era la primera vez que vivían algo así, porque el decir "esta persona es trans, o lo era" no era algo que formara parte de su día a día; así que sí, en aquel momento estoy seguro de que le sirvió a mucha gente. También creo que hoy en día, en 2018, es más visible, aparece más en los medios… Pero empiezas a hablar de ello y no tengo claro hasta qué punto ha vivido la gente experiencias cercanas, o cuánto conocimiento tenemos realmente sobre el tema».

Hace alusión a algo en lo que yo también he pensado mucho: «Te fijas un poco en otras creencias socialmente aceptadas y ves que las cosas no han cambiado tanto. Por ejemplo, ahora mismo mi pareja y yo estamos esperando nuestra segunda criatura y la gente nos hace la típica pregunta, desde la curiosidad o, más que curiosidad, es la pregunta que parece ser inherente a un embarazo: ¿es niño o niña? Nosotros, tratando de inventar una fórmula para responder a esa pregunta, al principio decíamos, de manera intuitiva "no lo sabemos, lo único que sabemos es que tiene pene", porque en realidad eso es lo que hay tras esa pregunta, ¿no? Qué tiene y, por lo tanto, qué es. Luego le das otra vuelta y piensas; ¿qué tipo de respuesta es esa, decir que "tiene pene"? Es darle demasiada importancia a la genitalidad… Pero poco a poco vas aprendiendo a no decir automáticamente que es niño o niña. Y ves que, ante esas respuestas, la gente te mira con extrañeza. Así que realmente no creo que haya calado en la sociedad todavía».

Añade: «Además, la cosa no termina ahí; porque tú sabes que, si respondes así, luego recibirás otra pregunta, no una reacción normal. Y ahí lo más fácil es decir "es chica" o "es chico", pero de esa manera tampoco cambiamos nada. Esto requiere de un esfuerzo contra todo el sistema de creencias de una sociedad, porque de lo contrario la pregunta te lleva a eso». Zanja así el tema: «A fin de cuentas, si en tu entorno y en tu día a día no hay ninguna persona trans, la propia sociedad te lleva a hacer lo mismo que todo el mundo, a tomar el camino fácil y no plantearte nada».

Decidimos tomarnos otra, como dando por terminada la conversación oficial, pero al llegar a casa y ponerme a transcribir la grabación me doy cuenta de que ha ocurrido una de esas cosas bellísimas de las entrevistas; es decir, que hemos empezado a hablar como si la grabadora no estuviera ahí, o como si estuviera apagada.

Mi tono a la hora de hacer las preguntas ha cambiado, y el propio Ander me ha preguntado en más de una ocasión a ver si lo ha hecho bien; no sabe si ha logrado explicar todo aquello que tenía dentro, preparado para salir. Yo he tratado de expresar lo hermosa que ha sido para mí esta conversación. En el momento, y aunque todavía no sé si esta entrevista tendrá algún valor literario o periodístico, el hecho de poder estar dos horas hablando con Ander ha resultado esclarecedor, conmovedor y muy bonito.

Tal vez por eso le pregunto cómo y en qué momentos recuerda él a Aimar, si tiene algún rito. Le he nombrado específicamente el sitio de Santa Barbara desde el que saltó Aimar. Ander no tiene por costumbre visitar ese sitio; y resulta paradójico, porque solían ir mucho, a escalar y demás. En los días posteriores a la muerte de Aimar, Ander se acercó hasta allí y encontró las dos rastas que su hermano se había cortado antes de saltar: «Mira que es un sitio lleno de simbolismos, podría ser "mi lugar" o "nuestro lugar" y, sin embargo, no siento ninguna necesidad de ir allí para recordarlo». De manera que no tiene ni ritos ni lugares, lo recuerda «sin querer»; a menudo le entra el llanto mientras va en el coche, o le viene a la mente cuando ve algo que asocia con él en una feria, o… En realidad, esos momentos le gustan, no resultan especialmente tristes sino que más bien son una forma de acordarse de él, de vaciarse; y también son la señal de que siempre lo tiene presente.

Me he sentido identificada con sus palabras, yo también recuerdo a Moio en momentos así: en el coche, al escuchar alguna canción, en sueños. A mí también me ha asaltado en ocasiones un llanto incontrolable; pero ya no siento esa tristeza ni ese dolor, ahora está en otro nivel.

Ander también me habla del apego que ha sentido hacia las amigas de Moio: «Una vez salí del trabajo y me encontré con alguien de vuestra cuadrilla, y parece una tontería, pero estuvimos hablando, sin más… Sobre Aimar, pero también sobre otras cosas. Y a mí eso me viene muy bien, el poder compartir con las que eran sus amigas, saber cómo lo vivisteis, qué pensáis…». Me quedo con la sensación de que deberíamos habernos reunido hace mucho tiempo.

Le pido que, para terminar, mire hacia delante, hacia el futuro; en esta conversación no paramos de mirar al pasado, porque han pasado unos cuantos años, pero ¿han cambiado realmente las cosas desde 2007? Me responde sin tapujos: «Mira, yo no creo que la mentalidad haya cambiado tanto. Diría que las bases siguen siendo las mismas. Se habla más de ello, eso sí. Por ejemplo, aparece en la tele, se habla de otros casos… De alguna manera, está más presente en los medios, y bueno, eso también ayuda; cuanto más visible sea, menos extraño se nos hará; puede que la propia palabra "trans" nos sea más familiar ahora. Pero diría que en el fondo mantenemos las mismas creencias».

La honestidad con la que habla me parece muy valiente: «Al mismo tiempo, pienso en mí mismo y trato de hacer ese ejercicio: si a mí no me hubiera pasado esto, si no hubiera ocurrido en mi familia, en alguien cercano, ¿qué pensaría yo hoy en día? Y mi conclusión es que seguramente pensaría lo mismo que todo el mundo. Así que no le exijo a toda la sociedad que de repente preste muchísima atención a esto. Porque me veo a mí mismo y soy consciente de que incluso habiéndolo vivido de cerca me sigue costando mucho trabajármelo. Pero eso no quita que me gustaría o que desearía que esto nos sirviera a todos, y sobre todo a las personas trans de hoy en día, y a las que están por venir; que nos sirva para ver que ha habido precedentes y que hay que hablar de todos los casos, para que la sociedad vaya empapándose de ello. Y me gustaría que este tema se tratara, se trabajara; mucha gente tendría bastantes menos problemas, y ese es uno de los objetivos de este libro».

Precisa: «Para mí es valioso que se dé a conocer el caso de Aimar, pero sobre todo que se genere cierta reflexión para que como sociedad empecemos a darle menos importancia a la genitalidad y al género. Así es como está dividida esta sociedad; y, al fin y al cabo, esto consiste en llamar la atención sobre el daño que puede causar una división así. Si lo logramos, habremos avanzado mucho».

Su última frase resume nuestra responsabilidad colectiva como sociedad, y así cerramos nuestra conversación: «Porque este tema es política, política en mayúsculas. Y cada uno de nosotros podemos pensar que no nos afecta, pero nos afecta a todos, nos divide a todos como sociedad».

PARTE 3

CUANDO LO POLÍTICO NO ES SUFICIENTE

Medeak: Ana Txurruka y Josebe Iturrioz

En este momento del proyecto me resulta imprescindible quedar con Ana Txurruka (Txurrus) y Josebe Iturrioz (Itu). Ambas son miembros del grupo transfeminista Medeak, que nació en el año 2000 y que es ya un referente tanto en Euskal Herria como en parte del Estado. En sus casi veinte años de trayectoria[1], han sido muchas las acciones, jornadas, ponencias y proyectos que han realizado. Entre los años 2005 y 2008 sus integrantes llevaron a cabo varias iniciativas feministas involucrando a chicas jóvenes de Hernani. Yo era una de esas chicas; a partir de ese proyecto surgió Herne Neska Taldea (grupo de chicas Herne), que en adelante se encargaría de sacar el feminismo a las calles de Hernani. Me atrevería a decir que para nosotras, las entonces jóvenes integrantes, Herne fue una escuela, un espacio emancipatorio, el rellano de ese feminismo que después sería nuestra casa.

En el momento de nuestra conversación —2018— yo también soy parte de Medeak, pero, aunque ahora compartamos colectivo, las motivaciones de esta entre-

1. Cuando se realizó la entrevista, en 2018, Medeak seguía en activo. El colectivo se disolvió en 2020. El comunicado: https://medeak.wordpress.com/2020/07/06/plazer-bat-izan-da-ha-sido-un-placer/

vista se alejan de nuestro día a día. Estoy especialmente nerviosa y deseosa de abordarla, porque es indudable que las vidas de las dos activistas, que en 2007 contaban con veintinueve años, se vieron impactadas por la muerte de Aimar. Sin embargo, Txurrus, Itu y yo no hablamos mucho sobre *lo de Aimar*, y tampoco sobre *lo ocurrido*. Tal vez sea porque lo vivimos de forma muy diferente; aunque hoy en día hablemos de tú a tú, en aquella época nosotras éramos adolescentes y ellas nuestras «mentoras», por decirlo de alguna manera. En cualquier caso, el tiempo lo cambia todo, y me interesa saber cómo lo vivieron, pero también qué huella dejó en ellas, tanto personal como políticamente.

Comenzamos a recordar la época en la que nos conocimos allá por 2005; les pregunto: «Ambas sois de Ordizia y vivíais en Donostia, ¿cómo fuisteis a parar a Hernani?». Txurrus toma la palabra: «No recuerdo a raíz de qué surgió, pero nos pusimos en contacto con el Ayuntamiento, con Irantzu, la técnica de Igualdad, y nos embarcamos en un proyecto de empoderamiento con chicas jóvenes del pueblo. Empezó así, y poco a poco fuimos fijándonos en dónde andabais las jóvenes, qué hacíais… Nuestra idea era reunirnos con adolescentes y empezar un proceso juntas. La iniciativa no tardó en despegar, y desde el principio nosotras quisimos plantearlo como un proceso abierto, de participación; así que muy pronto surgió el grupo feminista Herne Neska Taldea. El siguiente paso era poner en marcha iniciativas en el propio pueblo y dar a conocer la realidad de las jóvenes».

Itu se incorporó al proyecto en una segunda fase, cuando el grupo ya estaba formado y, por lo que cuenta, la metodología era muy natural: «Nos reuníamos una vez a la semana y nosotras os dábamos una especie de formaciones informales, según los intereses que tuvierais. Me acuerdo de que salía mucho el tema de la violencia machista, pero también recuerdo las campañas; por ejemplo, ¿qué es el 8M?, ¿qué vamos a hacer? Y, así, íbamos organizándolo». Comenta también algunas iniciativas, tales como la llamada Armiarma Sarea (Telaraña), en la que compusimos una red con hilos desde los que colgamos recortes de periódicos que trataran sobre violencias machistas.

En cuanto al grupo, Itu explica: «Había un núcleo duro, algunas no faltabais nunca y os dedicabais a ello día tras día; pero también teníais un gran poder de convocatoria para las acciones, venían muchísimas amigas vuestras, gente de vuestro entorno. Recuerdo que conocí a Moio en uno de aquellos encuentros».

Quiero profundizar en el trabajo que realizaron ellas en Hernani, para tratar de entender cuál era el contexto feminista en el que nos enmarcábamos entonces. Así, nos remontamos hasta 2006, a una de las mayores discusiones que hubo dentro del grupo: si celebrar o no el 28J, el Día de la Liberación Sexual. Aunque en 2018 pueda parecernos absurdo, en aquel momento el día no formaba parte de la agenda del Movimiento Feminista de Euskal Herria[2]. Pero Medeak y algunos otros colectivos ya abogaban por incluir las luchas por la liberación sexual y el lesbianismo en su propuesta.

Yo recuerdo aquella discusión sobre el tema como algo fundacional, como un cambio a nivel de grupo, pero también en lo personal. Les pregunto cómo lo recuerdan ellas. Itu comienza así: «Estábamos en la plaza de los Tilos y queríamos trabajar con vosotras, las integrantes de Herne Neska Taldea, el 28J, pero no lo teníais nada claro. Como grupo feminista, ya habíais empezado a llevar a cabo algunas acciones en el pueblo y estabais recibiendo reacciones feministáfobas y lesbófobas. De hecho, os acusaban de ser lesbianas, y eso no lo llevabais nada bien, así que cuando os propusimos trabajar el 28J, vuestra primera respuesta fue: "¿Por qué? Que seamos feministas no quiere decir que seamos lesbianas…" y cosas así. En aquella época, esos discursos eran algo habitual (y todavía lo son, hoy en día). Pero fue una reflexión muy bonita, porque enseguida os disteis cuenta de que también queríais defender a las bolleras como sujeto político y de que esa lesbofobia también limitaba vuestra sexualidad. Más tarde, resultó que dentro del grupo había varias lesbianas; pero, claro, con dieciséis años os resultaba muy

2. Se introduciría oficialmente tras las Jornadas Feministas de Euskal Herria 2008, en Portugalete.

difícil darle la vuelta, y más aún en vuestro pueblo. Pero le disteis la vuelta, e hicisteis ese cartel enorme con el símbolo del lesbianismo, acompañado de un "¡¿Y QUÉ?!", que el Movimiento Feminista de Euskal Herria acabaría utilizando más adelante. Y todo hay que decirlo, en un pueblo como Hernani las paredes estaban llenas de otras consignas [unas que tenían que ver más con el conflicto vasco que con proclamas feministas], y vosotras, con todos esos carteles rojos, llevasteis vuestra reivindicación a un primer plano; fue impactante».

Por aquel entonces yo era una chica de dieciséis años, pronto me definiría como bollera y aunque durante muchos años he mantenido que no tengo ningún problema en decir que soy lesbiana, eso también es mentira. Tengo muy claro que no habría salido del armario con la fuerza y la rapidez con la que lo hice si no fuera por el gran apoyo grupal que tuve.

Les pregunto si hablamos de alguna otra cuestión además del lesbianismo y de la liberación sexual en general; es decir, si salió el tema de lo trans. Itu responde que no, que por aquella época ellas, como Medeak, estaban empezando a conocer esas otras realidades, pero que tenían sus reticencias a la hora de abordarlas con nosotras: «Nosotras ya estábamos trabajando en otros asuntos, pero todavía nos faltaban herramientas para profundizar en aspectos como lo trans; lo hacíamos de manera muy precaria, con muy pocos recursos y conocimientos, porque acabábamos de conocer esa realidad, todavía estábamos generando un discurso... Pero los temas ya estaban ahí, estuvimos muy, muy cerca, pero la sensación es precisamente esa, ¿no? Nosotras también éramos muy jóvenes, no teníamos suficiente conocimiento ni experiencia, aunque ya intuíamos por dónde iba aquello».

Txurrus compara la situación de entonces con la actual: «No es como ahora, que estamos en 2018 y la gente joven empieza a identificarse como trans más temprano, y con más referentes; en 2005 yo me imagino que, en cierta medida, ni siquiera Moio sabía muy bien lo que le estaba pasando o, mejor dicho, cómo gestionar lo que le estaba pasando. Y aunque nosotras estuviéramos ahí, tampoco sabíamos cómo enfrentarnos a ello».

Me interesa saber de qué manera estaban trabajando lo trans las Medeak de aquellos primeros años. Txurrus interviene y menciona a Moisés: «Para nosotras fue impresionante conocerlo, creo que ocurrió en unos encuentros de Arteleku, allá por 2005. Se abrió ante nuestros ojos todo un mundo de posibilidades, porque entendimos que el feminismo y la lucha trans están totalmente relacionadas y supimos que teníamos que desarrollar un discurso. Pero bueno, todavía era una fase muy inicial; por el momento, estábamos acercándonos a esa realidad». Entonces no se imaginaban que ese mismo hombre trans, años más tarde, acabaría yendo a Hernani con motivo de un homenaje que se hizo en memoria de Aimar.

Itu: «Sí, en Arteleku, a partir de 2003, tuvieron lugar una serie de encuentros impulsados, entre otros, por Paul B. Preciado y el grupo Erreakzioa-Reacción. Ahí conocimos a Moisés y también a Del Lagrace Volcano, intersexual, y a Lala, una chica trans; era gente muy, muy especial. Es cierto que en aquel momento estábamos trabajando mucho en el discurso queer, y que dentro del discurso queer hay una concepción muy concreta de lo trans; al fin y al cabo, Moisés era una persona trans, pero una persona trans que había renunciado al pene, y eso es lo que se relata en el documental *El camino de Moisés*[3]. A su vez, a nosotras nos indicó la vía para trabajar lo trans correctamente y desde una perspectiva feminista. Recibimos el discurso de tal forma que pasaba por la deconstrucción de género; es decir, que ponía en cuestión el propio género. Pero, tal vez, en aquel momento Moio no necesitaba que nos acercáramos y le dijéramos: "¡No hay mujeres ni hombres!" o nada parecido, o al menos no nos veíamos capaces de decirle algo así».

Está claro que Medeak se situaba y pensaba desde los márgenes. Así lo recuerda Itu: «¿Quiénes estábamos accediendo a esos discursos, trabajando en ellos desde el

3. El documental sobre la transición de Moisés, que más tarde se proyectó en Hernani, puede encontrarse en: http://www.rtve.es/alacarta/videos/documentos-tv/docutv-camino-moises/896649/

feminismo? Pues cuatro loques que veíamos que la relación entre ambas cuestiones era clara y fundamental; pero eso, éramos nosotres y cuatro gatos más. Y cuando montamos nuestros primeros talleres de Drag King[4] en 2005 recibimos muchísimas críticas, éramos las feministas raras, las cuestionadas. Es verdad que tratábamos de incorporar esa realidad a lo que hacíamos y que fuimos muy sinceras con vosotras [las Herne] respecto al conocimiento que teníamos e íbamos adquiriendo, y no os tratamos como menores de edad, como si no pudierais entender, por ejemplo, la complejidad de la identidad "mujer"; o sea, compartíamos con vosotras las cosas conforme íbamos entendiéndolas, tratábamos de transmitíroslo y, cuanto más conocíamos esa realidad, también conocíamos a más y más gente».

Al principio, Itu ha mencionado el día que conoció a Moio; le pregunto sobre ello. «Creo que la primera vez que estuve con él fue en el acto de Armiarma Sarea en 2005, y flipé. Porque recuerdo que no os referíais a él como trans, pero que sí que lo llamabais Moio; y aunque lo tratabais en femenino, ya estabais diciendo muchas cosas al usar ese nombre. Cuando lo vi en aquella acción de la Telaraña me di cuenta de lo que suponíamos

4. Los talleres de Drag King son talleres para entender y encarnar la construcción de la masculinidad. Tienen como base la concepción de la performatividad de los géneros y el actuarlos a través del cuerpo de cada una. Medeak ha sido un referente a nivel estatal a la hora de realizar este tipo de talleres.

nosotras para él. Es decir, que como éramos un grupo feminista se sentía interpelado, y al mismo tiempo no; le interesaban los temas que tratábamos, pero le costaba mucho sentirse identificado con un "grupo de mujeres"».

Moio me había hablado más de una vez sobre el interés y rechazo simultáneos que sentía respecto al grupo de chicas que conformábamos, y eso me movía mucho, lo entendía y me enfadaba al mismo tiempo. Txurrus también lo recuerda: «Lo de Moio estaba muy presente, y me acuerdo de que no sabíais muy bien cómo actuar, y puede que nosotras tampoco».

Itu: «En cuanto a vosotras, recuerdo que fue surgiendo poco a poco, porque empezamos hablando del feminismo, luego de la violencia machista, después de la sexualidad, y en ese punto sacasteis el tema. Y luego nos pasaba otra cosa, que creo que no teníamos las referencias ni los referentes que tenemos hoy en día, porque no existían. No me refiero solo a referentes trans, es que tampoco existían las Unidades de Género[5], ni había ningún tipo de discurso social al respecto».

Txurrus refuerza una idea que se repite en cada entrevista: «Era una realidad completamente invisible. No se hablaba sobre ello; apenas lo hablábamos en entornos feministas, y mucho menos como sociedad».

Itu, en cambio, pone sobre la mesa algo importante: la consecuencia directa de esa invisibilización y ese

5. Las Unidades de Género, también conocidas como UTIG o UIG, son unidades médicas específicas que atienden a las personas trans.

silencio: «Sí, y yo siempre pensaba en acercarme a él, hablar con él, pero tampoco quería agobiarlo; pensaba que ya tendríamos tiempo para ello, pero no lo tuvimos».

Les pregunto por la muerte de Moio; ellas tenían cierta relación con las jóvenes de Hernani, y quiero saber cómo recibieron la noticia del suicidio, y si tienen recuerdos de ese día y de sus sensaciones.

Txurrus toma la palabra: «Yo no lo recuerdo muy bien, sé que nos lo contasteis y que fue una especie de *flash*. Y que en gran medida tuvimos la sensación de fracaso o de derrota, de no haber llegado a tiempo. En ese momento piensas "teníamos a esta persona muy cerca, y nosotras estamos trabajando en ello. ¿Cómo no hemos podido lograr que Moio estuviera ahí, o ser un apoyo para él…?". Sí, la sensación fue de derrota».

Itu lo corrobora: «Yo también recuerdo esa sensación de fracaso. Como cuando el agua se te escapa entre los dedos. Estaba ahí y no lo hemos agarrado, se nos ha escapado. Además, también recuerdo que ya llevábamos unos tres años trabajando con vosotras y que nuestra relación era muy estrecha, ya no erais un grupo al que íbamos a dar una charla, sino nuestras amigas (amigas jóvenes, pero amigas), y que ahí había mucho amor; así que en lo personal estábamos muy preocupadas por vosotras, por cómo lo estaríais viviendo, porque pensábamos "esto ha tenido que ser una hostia para ellas", recuerdo una situación como de catarsis, el tiempo se detuvo… fue muy duro, muy duro veros viviendo algo así, tan jóvenes».

Quiero saber cómo vivieron ellas lo de darle un carácter político a aquella muerte; Medeak era, junto a EHGAM[6], un agente político, y les pregunto por los caminos que tomaron y las iniciativas que impulsaron, por qué lo hicieron y de qué manera.

Itu habla desde su experiencia personal: «Para nosotras fue muy difícil posicionarnos porque erais nuestras amigas. Éramos gente muy politizada y por eso nos parecía fundamental hacer una lectura política de *lo ocurrido*, en otras palabras, hablar de la transfobia; y aunque lo hicimos, para vosotras también se trataba de un drama personal, así que costaba mucho haceros entender que todos esos conflictos interiores de Moio también eran consecuencia de la transfobia, y era muy doloroso… Tengo la sensación de que sus amigas no teníais nada claro, al menos al principio, que hubiera que hacer una lectura política. Necesitabais hacer la digestión emocional, es comprensible. De modo que recuerdo que necesitasteis un tiempo también como grupo para ir planteando la lectura política poco a poco. Y nosotras no podíamos ni queríamos forzarlo».

6. Euskal Herriko Gay-Les Askapen Mugimendua (Movimiento de Liberación Gay-Les de Euskal Herria). Colectivo histórico defensor de los derechos LGTBI+, fundado en 1977.

Txurrus habla de lo que les indicaba su intuición: «Aunque no supiéramos mucho, teníamos bastante claro que no era un suicidio sin más (bueno, no hay ningún suicidio sin más, pero ya me entiendes), sino que en el fondo estaba la transfobia y que eso lo impulsó. Para nosotras era importante que esta lectura política se hiciera al menos en el pueblo, para que la gente entendiera lo que estaba pasando y para que la gente se activara».

Itu lo constata: «Sí, nosotras entendimos enseguida que se trataba de un caso de transfobia. Recuerdo que antes de eso ya nos habíais contado lo que le había pasado en la universidad. Empezó el curso como Aimar, y un profesor, aun sabiéndolo, lo llamó Amaia al pasar lista. Así que nosotras ya teníamos claro que había que socializar esa visión política, y entonces Mikela[7], junto a EHGAM, tuvo una idea buenísima: llevar el ciclo de Zinegoak[8] a Hernani, y a partir de ahí preparamos la charla de Moisés y otras actividades». Itu también menciona la importancia del tiempo y los acuerdos: «Recuerdo perfectamente que hicimos un pacto con vosotras, las de Herne. Primero tocaba la parte emocional, y eso se sanó a través de varios actos y homenajes; después llevamos a cabo las acciones más políticas. Para entonces, también vosotras estabais dispuestas a subir al escenario y plantear otras lecturas de lo que había pasado. Y lo hicimos solo cuando estuvisteis preparadas».

7. Mikel Martin fue un miembro histórico de EHGAM, fallecido en 2023.
8. Ciclo de cine LGTBIQ+ que se celebra en Bilbao y en diversos pueblos.

Aunque la muerte de Aimar era todavía muy reciente, el 4 de junio de 2007 ya se habían puesto en marcha algunas iniciativas para hablar y aprender sobre lo trans. Así, EHGAM, Medeak y Garaipen, junto al Consejo de Igualdad de Hernani, prepararon un espectáculo y coloquio llamado «Otros amores… Otros tiempos». Vimos *El camino de Moisés*, y el propio Moisés, con el que tanto habían aprendido las Medeak, vino a hablar de la película y de su propia experiencia. Fue muy emocionante; no me refiero solo la película, sino también a la oportunidad de escuchar en directo aquellas voces y vivencias; además de Moisés, Iván y Amets (dos hombres trans vascos) vinieron a contarnos su historia. Creo que eran las primeras personas trans que conocía después de Moio. Sentí que eran tres voces, tres vivencias que daban continuidad a la lucha de Aimar. Recuerdo que la sala de actos municipal Sandiusterri estaba llena de gente y que había un silencio respetuoso, un gran deseo de escuchar y aprender.

Recordamos el acto entre las tres, y les pregunto por la reacción de la gente del pueblo. Itu dice: «La respuesta de Hernani fue una pasada, no nos la esperábamos. Después del momento inicial, tan doloroso —en el que entendíamos que la gente fuera al funeral, y todo eso…—. Es que esto no lo planteábamos solo como homenaje, sino también como una conferencia, a modo de formación; y hubo mucho interés, mucha escucha y mucho respeto. Fue impresionante. Vinieron muchas personas dispuestas a aprender, era como si *lo ocurrido* les hubiera cambiado el chip. Y en aquel momento, ahí, lo nombramos sin tapujos: la causa ha sido la transfobia. Hablemos sobre ello. Se lo debíamos a Moio, le debíamos al menos eso: una lectura política de su suicidio».

Recuerdo vagamente aquellas charlas y mesas redondas, así que le pregunto a Itu qué destacaría de ellas, qué fue lo más útil para la gente. «Me viene a la mente Iván, un chico trans de Iruña, que explicó muy bien cómo se encarna la transfobia. No habló de la vida de Moio, pero recordó algunas cosas que es probable que él también hubiera vivido: las pegas de los médicos, los problemas en los vestuarios o en espacios nuevos donde no se respetaban sus marcas de género… Todo eso también le había ocurrido a Moio. De algún modo, fue como si le estuviera poniendo voz. Y poco a poco, todos los de la sala fuimos entendiendo qué es la transfobia y cómo se materializa».

Txurrus destaca otro aspecto importante, el de la responsabilidad colectiva. «Esa interpretación política tenía también otro aspecto importante, la necesidad de que el entorno de Moio, el pueblo, asumiera la responsabilidad sobre lo ocurrido. Al fin y al cabo, su muerte nos interpelaba a todos. Es decir, si unos nazis hubieran matado a Moio, todos tendríamos muy claro que se trata un acto tránsfobo, violento, pero cuando hay un suicidio no es el "otro" el que es tránsfobo, sino el propio entorno, la sociedad, el pueblo… Y puede que no lo hiciéramos queriendo, sino que fuera fruto de nuestra incapacidad, o de nuestro desconocimiento, pero al fin y al cabo no fuimos capaces de entender esa realidad, y eso tuvo sus consecuencias. Nos responsabilizamos, y ante eso decidimos que había que construir un pueblo diferente, una sociedad diferente o al menos un entorno en el que no volviera a ocurrir nada similar. Así que Hernani también respondió desde la responsabilidad, asumiendo su derrota, o sea, "no lo sabía, no supe entenderlo; bueno, pues ahora voy a intentar entender y aprender, para que no vuelva a ocurrir"».

Las situaciones hipotéticas no cambian lo que ocurrió, pero me planteo qué ocurriría ahora, más de una década después, si nos viéramos ante la misma situación. Txurrus dice: «Yo creo que sería totalmente diferente. Por un lado, porque tenemos más herramientas para tratar el tema y porque tal vez ya solo con eso sabríamos protegerlo mejor. Por otro lado, porque tenemos más referentes de identidades trans y seríamos capaces de identificar a Moio como tal». Saca a colación el asunto de la visibilidad, que todas hemos nombrado ya: «Con una mayor visibilidad, Moio habría tenido más posibilidades de salir adelante, y no me refiero solo a los recursos materiales (el acceso a la atención médica y demás), sino a todo el conocimiento que hubiera hecho posible que su entorno lo entendiera».

Itu desarrolla esta idea: «Yo haría una doble lectura. Por un lado, ahora existe un discurso al respecto, y el contexto también es otro; la situación ha mejorado, entre comillas. Y por otro lado, después de lo que nos pasó con Moio, yo al menos me juré a mí misme que no iba a dejar que volviera a pasar algo así. Desde entonces se me ha acercado más de una persona pidiéndome información, gente que estaba transitando, y en esas ocasiones sí que he sabido qué decir. Porque ya no tengo ese miedo que podía tener antes a la hora de intervenir en esta realidad. No me da miedo darle una oportunidad a alguien, o dar a conocer esa realidad. No le diré a nadie "eres trans", pero si lo intuyo, por su forma de hablar o por lo que sea, ya sé cómo empoderar a esa persona. Para mí hay un antes y un después. Sé que si Moio nos hubiera tenido a su lado no habría ocurrido lo mismo. Me visualizo a mí misme en aquella Armiarma Sarea en la que conocí a Moio y me imagino acercándome a él y diciéndole "ven aquí", y no dejando que se vaya. Sé que lo haría porque lo he hecho después en otras ocasiones, y si lo he hecho es por la influencia directa de Moio».

Además de mis impresiones, comparto con elles algunas de las reflexiones de las otras entrevistadas en torno a la ausencia de memoria colectiva: carecemos de ritos, recordatorios, momentos para la memoria; en otras palabras, nos falta continuar con lo que empezamos tras su muerte, con homenajes, charlas y formaciones. La pregunta es: ¿Cómo aferrarnos al recuerdo, y para qué?

Txurrus lo lleva al terreno de la memoria histórica, cuya importancia tenemos tan clara en otros ámbitos: «No se ha hecho ningún ejercicio de memoria histórica con estas cuestiones. Y no me refiero solo al caso de Moio, sino a la memoria trans, en general, y no solo a Hernani, sino a cualquier pueblo. El no tener placas ni una genealogía de lo que ha ocurrido en el pasado con las personas LGTBI+ acarrea una amnesia histórica y política muy potente, y eso supone que las generaciones más próximas lo recuerden como algo singular, puntual y que las siguientes generaciones lo olviden por completo. Así que lograr que se efectúe y se desarrolle la memoria histórica es muy importante también a nivel político».

Quiero saber a quién le asignan esa responsabilidad, si creen que está en manos de las instituciones o de otros agentes. Le pido a Txurrus que profundice en ello: «Pues no sé cómo está la situación en el Ayuntamiento de Hernani, pero en general no es en absoluto una prioridad para las instituciones, eso lo tengo clarísimo, y por eso siempre nos movemos dentro de la informalidad. La memoria histórica la impulsan las familias, o los grupos sociales, pero no llega a formalizarse, así que volvemos una y otra vez a la amnesia y empezamos de cero una vez más. Cuando es el entorno el que carga con la memoria, existe el peligro de que se quede ahí.

Y sí, se ha avanzado algo, pero si no se hace nada por mantener esos avances es necesario volver a empezar de cero. Habría que hacer el ejercicio de ver quiénes tienen presente en Hernani, ahora que han pasado más de diez años, la realidad de Moio»[9].

Itu añade: «Sí, porque no podemos olvidar que a día de hoy en Hernani también hay personas trans y que seguirá habiéndolas, y que esta realidad irá en aumento; por lo tanto, las referencias son imprescindibles. A todas nos ha pasado —por ejemplo como lesbianas—, que nos hemos sentido muy solas en nuestros pueblos. Y, sin embargo, siempre ha habido gente como nosotras, pero ¿dónde?, ¿cómo? Escondidas. En el caso de Moio, creo que tendría que haberse convertido en una persona, un personaje conocido en Hernani; todo el mundo debería saber que un chico de veintiún años en Hernani se suicidó porque no podía transitar. No sé, de los gudaris[10] sí que nos acordamos, ¿no? Pues, salvando las distancias, Moio es nuestro gudari».

¿De qué serviría? Itu lo tiene claro: «Tendría muchas implicaciones; entre otras, dignificaría a su familia y a su entorno, porque este trabajo no deberían estar haciéndolo ellos, debería facilitárseles socialmente y desde

9. Tras la publicación de este libro en 2019, han sido varias las acciones llevadas a cabo en este ámbito. Entre otras cosas, destacaría la existencia de una calle céntrica en Hernani que lleva el nombre de «Aimar Elosegi Ansa *Moio*». También se han recuperado ciclos trans, homenajes y formaciones.

10. Se utiliza el término «eusko gudari» o simplemente «gudari» para referirse a los miembros del Eusko Gudarostea (Ejército Vasco). En la actualidad, también se ha usado para referirse a las y los miembros de ETA.

las instituciones, con gran cuidado, e introducirlo así en la memoria. Si no, los jóvenes de quince años, o de dieciocho… hablando claro, se nos van a suicidar».

Txurrus retoma el último punto: «En otros casos tenemos muy claro que la memoria sirve "para que no vuelva a ocurrir"; pues en este caso es lo mismo. Hay que entender que forma parte de la historia del pueblo; no dejamos de referirnos a ello como algo personal, pero no: es la historia de este pueblo».

Itu termina: «Aunque sea doloroso, hay que hacerlo. Para Hernani, o para cualquier pueblo, me da igual, decir que "este es un pueblo sin transfobia" debería ser una prioridad».

Para terminar, he querido preguntarles por los retos y luchas de este 2018 donde nos encontramos. Txurrus responde así: «Yo creo que se ha avanzado mucho y que cada vez hay más visibilidad, pero la situación ha cambiado y todavía queda mucho por hacer. Puede que haya un discurso políticamente correcto, pero no ha permeado en la sociedad. Y, a ver, ese discurso políticamente correcto también es necesario, pero todavía nos falta ser capaces de identificar la transfobia y seguimos siendo una sociedad muy tránsfoba: hay un montón de trabajo por hacer. En ese sentido, creo que las activistas feministas somos imprescindibles para el cambio, porque es verdad que hablamos del tema y nos adentramos en él, y que cada vez está más presente en nuestras reivindicaciones y en el feminismo en general; pero ya sabemos que no es una de las prioridades dentro de la agenda feminista o que no todo el mundo está de acuerdo. Pero como también hay quien está de acuerdo, creo que tenemos que seguir trabajando en ello como movimiento. Además, es muy importante crear redes con personas y movimientos trans, coincidamos o no en todo».

Le pido que lo compare con la situación de las lesbianas y los gays, y no tarda en responderme: «Puede que hoy en día los gays y las lesbianas hayamos alcanzado cierta normalidad, pero las personas trans están igual que los gays y las lesbianas hace cincuenta años. Existe un discurso tolerante, pero se siguen oyendo frases del tipo "no quiero que mi hijo o hija sea trans porque no quiero que sufra". Y creo que también tenemos que romper con eso, que hay que generar discursos positivos sobre personas trans. ¿Por qué vamos a cargar con todo ese peso a la persona que va a transitar? Es decir, ¿por qué les decimos eso de que "tendrán una vida difícil"? ¿No es mejor decirles "tienes una vida increíble por delante"? Entonces, ¿por qué no mostrar el camino hacia lo trans como algo hermoso que nos permitirá ser felices y vivir bien, en lugar de como algo aterrador? Todavía no hemos llegado a ese punto, tenemos mucho camino por delante».

Itu añade que, dentro del discurso políticamente correcto, las transiciones directas y cerradas son las que están socialmente más aceptadas: «Estos últimos años ha prevalecido un discurso determinado sobre lo trans que lo que ha hecho ha sido aceptar un solo tipo de transición. Por ejemplo, cada vez estamos más sensibilizados con las personas trans menores de edad, pero a veces me pregunto si no hemos generado caminos excesivamente regulados y binarios que plantean la transición de forma muy rígida, es decir, A o B, o de A a B. Con muy pocas posibilidades intermedias. De alguna forma, la sociedad permite y acepta a determinadas personas como "trans", siempre que esté claro si son hombres o mujeres. Es como si dijeran: "trans, sí, vale, pero no rompas con mi sistema de sexo-género; decide si eres uno u otra, pero de ninguna manera algo intermedio, que me molestas"[11]. Y ahí surge un sistema de identificación, un tener que parecer hombre o mujer sin atisbo de duda, y eso también genera mayor obsesión en torno al *passing*, en torno a lograr la apariencia socialmente asociada a tu género: que los hombres parezcan hombres y las mujeres, mujeres, para que nadie note que eres trans. Y eso crea la necesidad, o el deseo, de ser más hombre que los hombres, o más mujer que las mujeres. Y eso, esa imagen se puede lograr, puedes hormonarte más que nadie, quitarte las tetas… Pero si, por ejemplo, mides 1.50, siempre vas a tener la sensación de ser *fake*, siempre te faltará algo, y creo que Moio

11. Queda en evidencia que en 2018 todavía las realidades de personas no binarias no estaban en nuestro imaginario y referencias.

también se refería a eso en su despedida, que nunca sería como él era. Y ese es el nivel más profundo de una sociedad tránsfoba: no se acepta ni una sola fisura en el binomio hombre-mujer».

Txurrus resume nuestra conversación y la situación actual: «Hoy en día, la realidad es que hay gente que sufre por culpa de la transfobia, así que está claro que no podemos quedarnos en eso».

PARTE 4

CUANDO APRENDIMOS A VER LO INVISIBLE

Maialen Lujanbio Zugasti

Me cruzo por la calle con una amiga de toda la vida, algo mayor que yo. Ya sabe que estoy trabajando en este libro, y me pregunta por mis avances. Le cuento que está siendo un ejercicio de memoria muy hermoso, etcétera. No menciono el acto de Sandiusterri, pero ella lo saca a colación: «Recuerdo el día de Sandiusterri, las palabras de aquella mujer, el clic en nuestras mentes…»; parece que hubiera ocurrido ayer, recuerda perfectamente lo que escuchó aquel día. Repite, en dos ocasiones, que fue algo importantísimo. Añade: «Y los bertsos de Lujanbio, ¡qué bertsos!». Luego comenta con cierta pena que «después de eso no se hizo mucho más, ¿no? Qué lástima, para mí aquello fue muy valioso, y no hemos seguido aprendiendo». Le prometo que seguiremos haciéndolo.

Los bertsos de los que me habló la amiga son efectivamente de Maialen Lujanbio. Ella es una conocida bertsolari[1] hernaniarra, de las mejores de las últimas

1. Según el Instituto Etxepare, «el bertsolarismo es el arte de inventar bertsos y es, a su vez, el movimiento social creado en torno al mismo. Un bertso no es un verso, el bertso es toda la estrofa. El bertsolarismo improvisado es hoy una realidad pujante y de gran prestigio social en la tierra del euskera. Prueba de su vitalidad es una de sus manifestaciones más masivas, la final del campeonato nacional de bertsolaris, competición que se celebra cada cuatro años y donde un auditorio de 15 000 personas escucha embelesado durante horas. Si bien en el pasado este arte de la improvisación

décadas y varias veces campeona nacional[2]. Es un referente de la bertsolaritza, y una gran pensadora y creadora multidisciplinar. Nos conocemos desde hace mucho; somos amigas, y sabe que admiro mucho su trabajo, su capacidad de abrir nuevos caminos, su generosidad intelectual.

Aunque en junio de 2007 ya se había celebrado el anteriormente comentado homenaje con el visionado de *El camino de Moisés* en Sandiusterri, necesitamos algunos meses más para calmar los ánimos, detenernos y preparar un acto mayor en honor a Aimar. Así, en febrero de 2008 Herne Neska Taldea, EHGAM y Zinegoak[3] organizaban un nuevo evento conmemorativo y de sensibilización. En aquel salón de actos repleto de gente también estaba Lujanbio, que, junto a Judith Montero, nos ofreció bertsos que para mí fueron claves.

---

ha sido investigado desde el punto de vista de la crítica literaria, en los albores del siglo XXI, cambió el paradigma y hoy en día se considera un género retórico. El objetivo no es improvisar textos de gran calidad literaria sino emocionar al público. Las y los bertsolaris, por tanto, son gestores de emociones».

2. En el momento en el que se realizó la entrevista, Lujanbio era bicampeona nacional (2009 y 2017). Con fecha de la traducción ya son tres las txapelas (símbolo de victoria del campeonato) que ha conseguido (la última en 2022).

3. Así se informó sobre el acto en la página web del consejo de Igualdad: «Queremos rememorar y agradecer la lucha de Amaia-Aimar. A día de hoy, la sociedad sigue poniendo barreras y generando problemas a las personas transexuales, por salirse de la norma. Aunque se ha avanzado mucho en materia de orientación de género, todavía nos cuesta mucho concebirnos a nosotros mismos —y especialmente a los demás— más allá de las categorías de hombre y mujer. La feminidad y la masculinidad son categorías inamovibles; según tengamos unos u otros genitales, la sociedad nos asigna una de esas categorías, y solo una, al nacer. Frente a todo esto, queremos reivindicar públicamente el derecho de cada uno a ser como quiera ser. Como él mismo dijo: "Quiero que aparezcan los nombres de Amaia y de Aimar, porque estoy formado por ambos"».

Palabras y melodías que se transformaron no solo en un mero ejercicio artístico, sino que fueron luz, una digestión emocional e ideológica, algo a lo que agarrarnos.

Las personas allí presentes no solo rendían homenaje a mi amigo, sino que deseaban, una vez más, seguir aprendiendo. Esta imagen, este recuerdo, muchas veces me ha permitido reconciliarme con Hernani; recupero la confianza de la mano de aquellos que aspiran a construir una sociedad más justa y logro, al fin, hacer las paces con mi entorno.

Precisamente porque todavía hoy retumban en mí aquellas palabras de Maialen Lujanbio, me cito con ella en la cafetería que sigue dotándome de ese anonimato que necesito para las entrevistas. Quiero preguntarle desde dónde y de qué manera vivió ella aquellos bertsos que para muchas de nosotras fueron tan importantes. Empezamos a hablar nada más sentarnos, y no puedo evitar sorprenderme; tal vez porque sé de primera mano que no es especialmente habladora, y en esta ocasión se lanza de lleno. Pronto entiendo por qué.

Empiezo preguntándole si conocía a Aimar. «No lo conocí personalmente y tampoco sabía de su existencia; a posteriori, cuando he visto fotos, tampoco me ha resultado conocido, así que podría decirse que lo conocí a través de su muerte. Recuerdo que recibí la noticia de su muerte estando en casa, que me lo contaron mi madre y mi hermana, y recuerdo que tuvo un impacto muy fuerte en mí, sí, fue muy, muy impactante».

Le pregunto qué fue exactamente lo que la golpeó, si fue lo terrible de la noticia o fue otra cosa. «Creo que primero me dijeron que había muerto un joven de Hernani, luego que se había suicidado, y que más adelante supe que podía tener que ver con su situación, con lo trans. Recuerdo que eso último fue un golpe de la hostia, porque no tenía ni idea, no conocía su historia y me afectó». Se detiene unos instantes, y sigue: «Sí, fue un gran golpe».

Estoy muy sorprendida, tal vez porque Maialen y yo nunca habíamos hablado de Aimar, o porque mi idea era entrevistar a Maialen Lujanbio en calidad de bertsolari, creadora y vecina de Hernani; de pronto, descubro que, como a tantos otros, *lo ocurrido* también le afectó de otra manera. Le pido que profundice en el impacto. «En mi caso, creo que tuvo que ver que nunca hubiera ocurrido algo así tan en mi entorno, tan cerca, tan en el pueblo y a una persona tan joven. Por otro lado, el propio tema me interpeló y, a día de hoy, sigue haciéndolo. Porque la sexualidad en general y lo trans en particular no me resultan cuestiones neutras, me afectan y me movilizan, me dan qué pensar y ya entonces me preocupaban. Aquello pulsó una tecla que era, no sé, íntima, o sensible. También tiene que ver con que ocurriera tan cerca de mí, no es algo que le pasa a nosequién en la tele. No ocurre a nivel teórico, sino que es algo que le sucede a una persona más joven que tú, de tu pueblo, a alguien a quien podrías haber conocido, aunque en realidad no llegaras a conocerlo. Para mí fue muy crudo, me dejó en carne viva. Hostia, es que ha ocurrido aquí al lado, y además es este tema».

Me gustaría alejarnos un poco, ver lo que aconteció a nivel del pueblo. Le pregunto por el ambiente en Hernani esos días, ¿recuerda alguna sensación? «Sí, muchas. Como ya he dicho, para mí fue muy impactante, así que me acuerdo bastante bien. Hay algo que recuerdo especialmente (y que ya viví así entonces): el respeto con el que se trataba el tema en todo momento. Por otro lado, piensas "qué menos, ¿no? No debería ser noticia", pero es noticia. Y flipé con eso, con la manera en la que el asunto estaba tan presente en todas partes. Por ejemplo, a mí me lo contó mi madre, y en el pueblo hay mucha gente como ella, gente "normal y corriente", entre comillas, me refiero a personas que no estaban especialmente sensibilizadas o ideologizadas con el tema; en cualquier caso, estaba en boca de todos, y recuerdo que se trató con mucho cuidado y mucho tacto».

Yo también recuerdo la sensación de admiración y el respeto de aquellos días, no sabría decir de qué manera se percibía, pero era más que evidente. Maialen reflexiona sobre las razones: «Seguramente influyeran muchos factores: que la familia fuera conocida en el pueblo —más tarde supe que su familia lo había apoyado en su transición—, que el tema se trabajara, o que ocurriera en Hernani… Pero la reacción podría haber sido muy diferente, y me pareció que se trató con mucha delicadeza y mucho tacto, y eso fue muy bonito. Como pueblo, hicimos algo bonito. Fue una actitud admirable. Para mí fueron acciones y reacciones de personas muy empoderadas, muy dueñas de sí mismas, que se responsabilizaban de sus propias decisiones».

Nunca lo había visto así, es decir, siempre he admirado la actitud de la familia, no solo en su muerte sino también antes, pero me resultaría difícil calificar de «empoderada» o «valiente» cualquier postura que pueda tomarse ante algo así, empezando por la decisión de Aimar y pasando por la actitud de su familia ante el dolor. Sin embargo, ahora que lo he oído de boca de Maialen, ambos conceptos se abren paso en mí.

Continúa: «Como digo, fueron personas muy dueñas de sí mismas y de sus acciones. Y probablemente la reacción del pueblo sea reflejo de esa capacidad de reaccionar de manera madura, sabia y admirable; eso nos llega también al resto. Al menos, yo lo viví así. Piensas: "Ostras, ¡qué nivel!". Por ejemplo, recuerdo que no pude ir al funeral, porque tenía alguna sesión de bertsos, pero lo que se hizo ahí también fue admirable: fueron responsables de sus propias acciones e ideas, y se atrevieron. Qué capacidad, y es que además lo mostraron a través de un funeral civil; chapó».

Así resume lo que pasó esos días: «Es una especie de cadena: él dejó por escrito "he decidido esto", la familia reaccionó de la manera en que lo hizo y como consecuencia el entorno reaccionó también así, y por lo tanto el pueblo hizo lo propio. Todo empieza en él, va irradiando y multiplicándose».

Me gusta mucho cómo ha recreado la imagen de mi amigo Moio; como una onda poderosa que va iluminándolo todo, calentándolo todo, hasta atravesarnos a todas.

En aquel evento que se llamó *Ikusezina ikusten ikasten (Aprendiendo a ver lo invisible)* Lujanbio compartió algunas palabras y bertsos que son el motivo de la entrevista de hoy. Pero ¿cómo llegó Lujanbio hasta ese escenario? «Fue una iniciativa del Departamento de Igualdad de Hernani. Judith Montero y yo estábamos trabajando en *Ornitorrinkus*[4] por aquel entonces, y acudieron a nosotras; no fuimos nosotras las que tomamos la iniciativa, sino que nos lo propusieron y, por supuesto, aceptamos».

Le comento que, por mucho que fueran invitadas a participar, hay cosas que se hacen por encargo, y otras a pesar del encargo, desde dentro. «Lo viví como un impulso, como un deber. Yo no funciono así, no digo "ha pasado esto y he escrito unos bertsos"; no, no soy para nada así. Me ha pasado muy pocas veces que algo me revuelva

4. Las creadoras de *Ornitorrinkus* lo definieron así: «Espectáculo de voces y sonidos creados a partir de alianzas entre música contemporánea, electrónica y bertsos; se sitúa entre la performance, el concierto y el happening».

y haya tenido la necesidad, el deseo de hacer algo; en este caso nos llegó la propuesta, pero también sentí en mis entrañas el deseo de aportar algo verdadero».

Le pregunto por las emociones de aquel día: «Bueno, yo albergaba una contradicción que sigo albergando. Por un lado sentía ese deber, ese impulso, y por otro decía: "Joder, qué ganas tengo de pronunciarme, pero es que no quiero tener ningún protagonismo", porque yo no había conocido a Moio; pero necesitaba hacer algo, y ese algo era muy real. Y de ninguna manera quería dar a entender que estaba actuando sin conocer a esa persona, para mi propio beneficio artístico. Porque eso sería muy impostado, ¿no? Y para mí era justo lo contrario, algo que nacía muy de dentro, aunque no lo hubiera conocido; como te he dicho, tocó una tecla, algo que era muy mío».

Le digo que esa autenticidad se percibió en la sala, que sus palabras hicieron un viaje, de sus entrañas a las nuestras; añado que el plano más artístico, el bertsolarismo, cumplió también en esa ocasión su función social y colectiva. Sobre ello, matiza: «Sí, sí, hacen falta ritos así, y si además logras que sea bello, todavía mejor. Simbólicamente eso es importante, tiene algo de poético… Como el funeral civil».

Hablar sobre la muerte nunca es agradable, pero quiero profundizar más en lo que rodea a esta muerte: lo trans. Ha mencionado que se sintió completamente interpelada, que precisamente estaba trabajando en ello cuando ocurrió. Teniendo en cuenta que por aquel entonces éramos tan ignorantes, le pregunto con qué conocimiento contaba. «Recuerdo que no conocía a nadie que estuviera pasando por eso, o a nadie que lo dijera de forma abierta; sin embargo, no me resultaba extraño. Por supuesto, yo no era ninguna experta, seguramente estaba bastante verde a nivel ideológico, tal vez no tuviera mucha formación teórica, pero leía, me preocupaba, le daba vueltas, y es un tema que siempre he tenido ahí». A continuación habla sobre la información que tenemos ahora: «A día de hoy, en 2018, como está más presente en la sociedad, yo también lo he trabajado más; tengo más referencias, lecturas, lugares a los que asirme. Con los cambios, y desde el *brochagordismo*, una va matizando cada vez más su ideología».

¿Cómo se traslada esa reflexión a los bertsos? ¿Cómo se conceptualiza, desde qué punto de vista? «Bueno, justo era la época de *Ornitorrinkus* y, al fin y al cabo, *Ornitorrinkus* es una metáfora de lo inclasificable. Lo trans, o la sexualidad, si así lo prefieres, es uno de esos inclasificables; uno de los grandes. Es decir, todo el trabajo teórico, ideológico y creativo que estábamos haciendo giraba en torno a eso. Así que yo estaba leyendo y pensando mucho, y andábamos trabajando expresamente en ello; en términos generales, sobre la sexualidad y sobre lo asfixiante de los roles de género y su rigidez, pero también sobre lo trans».

Aquel día, en los bertsos de Maialen se dijeron muchas cosas; se habló de la mirada y el juicio externo (*Jendean begietan bestea zer den / nor den beti argi dago;* está claro quién es quién a ojos de la gente) se habló de la arrogancia y la ignorancia (*Badakiela uste duenak / ezin du jakin gehiago;* quien cree saberlo todo ya no puede saber más*)* y de los caminos que quedan por abrir (*Inor pasatu ez den bidean / zer dago otia beste?;* en el camino que nadie ha pisado, ¿qué hay, sino maleza?), pero si algo caló en las personas presentes fue ese concepto de la invisibilidad, eso que somos incapaces de ver aun teniéndolo enfrente, aquello que tenemos que aprender a ver (*Gaur begirada umilagoaz / goaz hobetzen ta hazten / bidetxior horretan barrena / ikusezina ikusten ikasten;* con una mirada más humilde vamos creciendo y mejorando, nos adentramos en el camino y aprendemos a ver lo invisible*)*. Le pregunto directamente sobre esto último. «La idea de lo invisible alude a aquello que está cerca de ti y no conoces. Así fue en mi caso. Es lo que está cerca de ti y desconoces; lo que para mucha gente del pueblo es desconocido, lo que no supimos ver. Eso nos enseñó algo y nos aportó ganas de ver y de aprender».

Pero ¿qué hace que algo sea invisible? «Diría que, por un lado, está el no saber mirar, pero por otro también está el hecho de que no sea explícito. Tal vez este no fuera el caso, pero, en general, lo trans no formaba parte del debate público, de las reivindicaciones, no se mostraba a plena vista… Tal vez sí que era visible si pertenecías a ese movimiento, pero para el resto, para los ciudadanos de a pie, no estaba ahí. Era, como mucho, algo que pasaba en la tele, lejos, en otro lugar. Podías pensar "aquí no hay de eso"».

Pensábamos que aquí no había *de eso*, pero al final aprendimos a verlo; Maialen logró recoger ese sentimiento colectivo de agradecimiento a Moio por habernos abierto los ojos: «Yo canté esos bertsos queriendo dar las gracias por todo lo que nos había enseñado, como diciendo "cuánto hemos aprendido en tan poco tiempo", pero también señalando que lo habíamos pagado caro. Este pueblo está aprendiendo porque una persona se suicidó y perdió la vida. Es un precio demasiado alto, ¿no? Recuerdo que uno de los finales hacía alusión a eso».

Barne ahotsa, ahots ausarta
disfraz gabeko egia
bat behar zen ta bera izan da
ikasgai latz honen gia.
Bistan da ikasgai batzuek duten
prezio garestiegia.
Baina lehen dena zen otia
ta orain badago bidia.
Orain badago bidetxior bat
txiorra baina bidia[5].

5. Una voz interior, una voz valiente, / una verdad sin disfraz / hacía falta alguien y ha sido él / el guía de esta dura lección. / Salta a la vista que hay lecciones / con un precio demasiado alto. / Pero antes todo era maleza / y ahora hay camino. / Hay un pequeño sendero, / pequeño, pero sendero.

No hay duda de que lo pagamos caro y, al mismo tiempo, paradójicamente, ¿habríamos reflexionado tanto al respecto si la consecuencia hubiera sido otra? Parece que haya leído mis pensamientos, porque dice: «Por otro lado, pienso que mucha gente no habría tratado el asunto con tal delicadeza y respeto si el precio no hubiera sido la muerte». Aprendimos a cambio de una muerte, y gracias a la postura tan empoderada del entorno, tan libre de vergüenza. Lo de siempre, ¿no? Si te respetas a ti mismo, el resto también te respetará».

A Lujanbio no le gusta la palabra "dignidad". He tratado de introducir el concepto en más de una ocasión, pero lo ha evitado en todo momento, no lo he escuchado de su boca. Si surge en la conversación, lo corrige: «¿Dignidad? No me gusta esa palabra… está demasiado manida», dice la bertsolari, y trata de buscar otros sinónimos: «respetuosos», «empoderados», «libres de vergüenza», «admirables», «valientes» … Prefiere hablar así de esos días, y a mí todas esas palabras me permiten ampliar el léxico de *lo ocurrido* y crear así una nueva posibilidad junto con cada sentimiento, cada adjetivo.

Es posible que mucha gente que haya seguido la trayectoria de Lujanbio no sepa quién era Moio y mucho menos cuánto influyó en sus bertsos. Lo más probable es que la mayoría no escuchara cantar a Lujanbio sobre una persona trans hasta 2017. Ocurrió, precisamente, en la semifinal del Campeonato Nacional de Bertsos celebrada en Irún, cuando se le planteó el siguiente tema[6]: «Todo iba bien, hasta que se encendió la luz».

Trago bat eta beste trago bat,
gure kaletan barrena
(e)ta piztea da alkoholak eta
sexu grinak dakarrena.
Zure etxera nire etxera
betiko gauzak aurrena,
zure logelan sartu gara-eta
hara hemen ondorena.
Argia zegoen itzalita (e)ta
bertan biluztu naiz dena,
(e)ta bat-batean piztu egin da
argi txiki xumeena
nire gerrira begira zaude,
ez naiz uste zenuena.

Estali arte izan duguna
nahiko irri nahiko broma,
ahorik aho pasa dugunak
Gin-tonic barruko horma.
Bular parea zut neukan eta
zuk eman didazu forma,

6. Los y las bertsolaris suelen hacer un ejercicio de improvisación a partir de un tema. En este ejercicio en concreto se propone una frase, un tema abierto, y cada bertsolari tiene que cantar tres bertsos con las características que ellos escojan.

galtza estuak ne(ra)bilzkin arren
ez takoi eta ez gona.
Hau eta hura naiz, hartzen ari naiz
zenbait botika hormona,
gizona eta andrea nauzu,
ez andrea ez gizona.
Nire inon ez egon nahia ote
da zure ezinegona.

Gizarte honen estereotipo
(e)ta gizarte honen usteen
tranpan zu ari zara erortzen,
eta hori ez dizut uzten.
Zuk badakizu nola zizelka
eta marraztu gaituzten,
ze inporta du gaur ari bainaiz
zure aurrean biluzten,
eta neroni ni neu naizena
hori bakarrik gorpuzten.
Nire gerripe(ko) zintzilikako
desira ari da puzten,
itzali ezazu argia eta
utzi azalari ikusten[7].

7. Un trago tras otro trago / a través de nuestras calles / y el alcohol y el deseo / provocan la excitación. / Primero lo de siempre, / en tu casa o en la mía, / entramos a tu habitación, / y esto es lo que ocurre: / La luz estaba apagada / y me desnudo por completo / y de pronto se enciende / la más pequeña de las lucecillas / estás mirando a mi cintura / no soy lo que tú pensabas.
Antes de taparme / bien que hemos reído y bromeado, / nos hemos pasado de boca en boca / los hielos del gin-tonic / Mis pechos estaban firmes / y tú me has

Muchos años después, sus palabras siguen recordándose, no solo por su brillantez artística, sino porque narraban en primera persona la vivencia de una persona transgénero[8] y, además, desde un lugar empoderado y en contexto de flirteo. Una voz que nos decía que no era ni hombre ni mujer, una voz que nos invitaba a recordar el poder de la piel más allá de lo que tengamos entre las piernas, una voz con la que necesariamente empatizábamos, a la que comprendíamos. Diría que esos bertsos supusieron una ruptura y que a su vez generaron una pedagogía social muy potente.

Por aquel entonces yo ya tenía en mente este libro y enseguida vi la relación entre esos bertsos y los que había cantado diez años antes. Dejando de lado mi intuición y más allá del secreto de su creación, lo que quiero preguntarle a Maialen es de dónde vienen y por qué los cantó entonces, por qué en el Campeonato Nacional.

«Para mí ahí hay dos planos, por un lado está desde dónde los creo yo, y por otro cómo se reciben. Para mí hay una continuidad respecto al lugar desde donde los creo; al fin y al cabo, es el mismo discurso que tenía

---

dado forma, / llevaba pantalones ajustados, / pero no tacones, ni falda. / Soy esto, soy aquello, estoy tomando / medicamentos, algunas hormonas, / soy hombre, soy mujer, / no soy hombre ni mujer. / No será que te incomoda / mi deseo de no querer estar en ningún lado.

Estás cayendo en las trampas / de los estereotipos y creencias de esta sociedad / y eso no voy a permitírtelo. / Sabes muy bien cómo nos han dibujado, / y cómo nos han cincelado, / qué importa si hoy / me desnudo frente a ti, / si solo encarno / lo que soy. / Está creciendo / el deseo que cuelga bajo mi cintura, / apaga la luz / y deja que la piel vea.

8. Hoy, en 2023, lo entenderíamos, seguramente, como una persona no binaria.

diez años atrás. Los bertsos de Irún no surgen de un planteamiento poético o narrativo, o de un juego de palabras; surgen de una ideología, son un planteamiento ideológico, el resultado de algo que me preocupa y sobre lo que pienso. Y lo que me preocupa es que aquello que es inclasificable resulta mucho más incómodo que aquello que conforma sin lugar a dudas "el enemigo", mucho más incómodo que lo que se posiciona claramente. Y eso es *Ornitorrinkus*. Para mí, una de las frases más importantes era: "Si es inclasificable, entonces se clasificará como inclasificable". Esa necesidad de clasificar… Y eso pasa en muchos planos. Así que llego a ese punto desde una perspectiva ideológica, no pienso teóricamente "no voy a hablar de la transexualidad sino de lo transgénero[9] y entonces…", no. Eso sería el resultado de un trabajo con el pensamiento, pero para mí el tema es la indefinición, el no estar en un sitio ni en otro, la ambigüedad; desde ahí, trabajo lo trans. Para mí es como un hilo. El desarrollo, o la falta de desarrollo, de mi propia ideología».

En su día me impactaron la elegancia y el rigor con los que Lujanbio trabajó el tema, pero también la reacción del público. Los asistentes estaban atónitos; solo quedaba aplaudir, algunos con entusiasmo, otros con la perplejidad de haber entendido algo tan complejo. Al respecto,

9. En este caso, hemos dejado la formulación original, para entender, en contexto, cómo encuadraba Maialen Lujanbio el tema, que hoy en día quizás traduciríamos como persona trans y persona no binaria.

Lujanbio añade: «Otra cosa es cómo se recibe. Por un lado está el espacio que escogí; es decir, yo esos bertsos los canto en un escenario donde están puestos todos los ojos, en el Campeonato Nacional, un espacio que nada tiene que ver con esas otras plazas mucho más pequeñas. Y luego también es verdad que cantas determinadas cosas un poco cuando pueden cantarse (o, como mucho, un poco antes). O, al menos, se entienden cuando pueden entenderse. Porque a lo mejor yo ya había dicho esas cosas en otro formato, en *Ornitorrinkus*, doce años antes, pero en espacios más pequeños y experimentales. Pero en una plaza como el Campeonato Nacional, un espacio estándar y general, puedes cantarlo, bueno… cuando es posible cantarlo. Y la gente también lo recibe cuando puede recibirlo, cuando puede decodificarlo y cuando puede entender de qué estás hablando».

Profundiza en el cambio que ha ocurrido en esos contextos: «Estos últimos años el tema ha estado mucho más presente, se ha tratado en programas de televisión importantes. De pronto hemos conocido a personas trans en nuestro entorno o en el mundo del bertsolarismo; personas que muestran su identidad explícitamente, de manera reivindicativa. Eso también te moviliza. Y ese público general también va a su ritmo, a miles de ritmos diferentes. Pero tú sientes, por un lado, la responsabilidad, y por otro la preocupación; por un lado el interés, y por otro lado un contexto habitable en el que poder cantar algo así».

Todas las personas a las que he entrevistado coinciden en algo: los tiempos han cambiado, y la actitud respecto a la cuestión trans también. He querido llevar el tema de género y sexualidad al ámbito y las maneras del bertsolarismo. ¿Cuál es el momento adecuado para hablar de según qué cosas en esta disciplina? «En el anterior Campeonato Nacional, yo ya había sentido cierta incomunicación con el público en algunos otros aspectos. Tal vez no era el momento, o la gente y yo no estábamos en sintonía. Pero ahí también empezó a allanarse un camino para que en 2017 pudiéramos cantar y escuchar temas como este. Así que las cosas suceden cuando es posible que sucedan, al menos en el caso de los que no somos tan vanguardistas o visionarios. Las cosas ocurren cuando el contexto genera un resquicio por el que introducirlas. Y luego entra en juego la valentía, que es relativa, porque ya sabía que no iba a pasar nada grave porque cantara lo que canté; estaba dispuesta a defenderlo y también sabía que había gente dispuesta a recibirlo, a diferencia de lo que habría ocurrido diez o veinte años antes».

Sobre los bertsos, le comento que he identificado un hilo conductor, que incluso hay elementos que van repitiéndose: lo invisible, la luz, lo que se ve, «dejar que la piel vea»… «En el momento ni siquiera hice esa asociación. Además, en este caso, el propio tema te lleva por esos derroteros, pero sí, existe una relación. Es decir, si estuviera aceptado y bien visto no habría ningún misterio; o sea, cada uno sabría quién es el otro antes de llegar a la cama, y es cierto que ahí hay algo que se esconde, porque no está tan normalizado, es algo oculto, y porque eso crea un conflicto; nos lo crea a todos, me lo crea a mí».

En Hernani, aquel *Ikusezina ikusten ikasten* fue el penúltimo acto público que se organizó (más adelante, en octubre de 2013, la editorial Edo! se valdría de la presentación del libro *Genero-Ariketak* para homenajear a Aimar, pero no hubo nada más). Le transmito mi sensación a Maialen: no ha habido continuación, no hay rituales, ni iniciativas sociales y políticas, públicas. Es como si ya hubiéramos dejado atrás aquello que vivimos en conjunto, como pueblo. Lujanbio hace hincapié en el paso del tiempo y sus efectos: «Ha ido desvaneciéndose con el paso del tiempo, y eso también es normal, el tiempo pasa para todos. Pero es cierto que no ha vuelto a ocurrir nada así, nada tan bonito, y merecería la pena seguir aprendiendo, acordándonos de él y transmitiendo su historia. En mi caso, por ejemplo, se me ha quedado marcado como una experiencia personal; es una reflexión, una herida, un asunto personal. Es verdad que luego lo he socializado, he hablado sobre ello, pero tampoco demasiado. Tal vez tengas razón, tal vez eso es lo que ha ocurrido».

Tal vez.

PARTE 5
EN CUANTO ES UNA CUESTIÓN POLÍTICA
Iratxe Retolaza

Recibí una llamada de Iratxe Retolaza en 2012. En esa época, muchas de nosotras vivíamos con ilusión todo lo que se estaba gestando en torno a la editorial Edo!, que por aquel entonces ya estaba en marcha[1]. Iratxe, que era una de las editoras, me contactó al hilo de un libro en el que estaban trabajando, un libro que pretendía llenar un vacío más que evidente en aquel momento: «Queremos hablar de transfeminismo en euskera». Querían traducir y publicar trabajos, ponencias y artículos escritos por diverses pensadores y colectivos. Me alegró mucho recibir su llamada y conocer el proyecto; acepté con ilusión la propuesta de traducir algunos manifiestos y ponencias que Medeak había publicado durante aquellos años. Pero aquel proyecto también tenía otra particularidad: sus editoras querían recopilar una serie de textos sobre Aimar Elosegi Ansa, y también su carta de despedida.

El libro, bajo el título *Genero-Ariketak. Feminismoaren Subjektuak (Ejercicios de género. Los sujetos del feminismo),* vio la

1. Estos fueron algunos de los principios de la editorial Edo! (2012-2017): Edo! se basó en el trabajo voluntario; Edo! trató de separar de la lógica mercantilista todo su contenido y sus libros; la función de Edo! fue generar un cambio social; y Edo! buscaba promover el pensamiento crítico. Para conocer sus principios al completo, puedes visitar la siguiente página web: www.argitaletxeaedo.org.

luz en 2013. Se organizó un acto de presentación en la Casa de Cultura Biteri, en Hernani. Entre otras, allí nos reunimos las coordinadoras del libro, Isa Castillo e Iratxe Retolaza; Gorka Setien, diseñador de la portada y hernaniarra; la cantante Anari Alberdi; la actriz Josune Montón, con su obra *King Kong Neska (Chica King Kong)*, y yo misma.

Ha pasado tiempo desde entonces. Recuerdo bien aquella presentación, y también recuerdo que necesité cuatro años para abrir el libro y volver a leer aquella carta de despedida de Moio. Siempre he guardado un ejemplar con gran cariño; no solo por la presencia de Aimar en el libro, sino por la gran aportación que supone el libro al transfeminismo y a su difusión en euskera. En cualquier caso, aquella presentación en 2013 en la Casa de Cultura fue la última iniciativa pública[2] que se celebró en honor a Aimar, y siempre me he sentido profundamente agradecida con las organizadoras.

Con todo esto en mente, en 2018 le propongo a Iratxe vernos y recordar juntas. Quedamos para comer y, como de costumbre, nos dedicamos a ponernos al día. Cuando nos traen el café, entramos en materia. Estoy deseando escucharla hablar, así que empiezo por el principio: le pregunto cómo supo de la muerte de Aimar. «No conocí su historia cuando ocurrió, sino tres

2. Hasta la publicación de este libro en 2019.

o cuatro años más tarde, en 2011, mientras trabajábamos en el libro».

Su respuesta me sorprende, porque conozco a Iratxe desde que estaba en la universidad. Fue mi profesora y, rememorando sus clases, me resulta extraño que yo nunca hubiera sacado el tema. Pero luego me doy cuenta de que cuando Iratxe fue mi profesora ya habían pasado dos años de la muerte de Aimar, y por aquel entonces no hablaba demasiado sobre él, ya había comenzado a sumirme en el proceso de silencio que duraría tantos años.

Iratxe habla rápido y con claridad; tiene una buenísima memoria y es una persona de grandes convicciones, por lo que no le resulta difícil continuar hablando: «Como he dicho, estábamos trabajando en *Genero-ariketak*, libro en el que hablábamos del transfeminismo, pero también de la despatologización de la transexualidad[3], porque no había nada escrito en euskera y queríamos que nuestra comunidad [euskaldun] tuviera una herramienta para abordar el conflicto. En eso estábamos cuando Isa nombró a Moio: dijo algo así como que también estaba "el caso concreto del chico joven que se suicidó, que reivindica la necesidad de despatologizar la transexualidad y que también puede ser relevante para aplicar la responsabilidad colectiva". Así que empezamos a pensar en Moio y nos planteamos si su caso

3. Veníamos de estar inmersas en la campaña internacional de Stop Trans Pathologization (STP-2012), https://stp2012.wordpress.com/

encajaba con el libro; pensando un poco, llegamos a la conclusión de que encajaba de lleno».

¿Por qué? «Por un lado, porque uno de los grandes temas de la época era la despatologización; pero sobre todo porque veíamos que sería un modo de acercamiento, un medio para visibilizar una realidad muy cercana. Porque hasta entonces no habíamos tenido (yo no había tenido) ninguna relación con ninguna persona trans; o no, al menos, abiertamente, de manera explícita. Los referentes con los que contábamos por aquel entonces eran los que habíamos recibido de las películas, de los libros... Así que dar con un testimonio tan real fue muy, muy importante para nosotras, porque una vez que ves una realidad, y además tan de cerca, es mucho más fácil encarnarla».

No es la primera vez que hablo sobre este libro con alguien que no es de Hernani, pero sí es la primera vez que lo hablo con alguien que conoció el caso a posteriori, que no lo vivió desde Hernani ni en aquel preciso momento. Eso me hace preguntarme cómo se recibió desde «fuera» aquel acontecimiento que nosotras sufrimos de golpe y de manera tan próxima y profunda. Le pregunto por qué se implicaron tanto, qué fue lo que les produjo el mayor impacto. Iratxe se refiere a una experiencia personal, de su familia: «Para mí lo más llamativo no fue el suicidio, porque es un tema que en mi familia siempre ha tenido gran presencia; y también ha habido miembros de mi familia que han tomado caminos divergentes en la sexualidad y en la libertad sexual. Por lo tanto, eran dos realidades que había recibido ya desde casa y de algún modo me resultaban cercanas. Así que lo que llamó mi atención no fue tanto el suicidio sino la razón que tuvo para suicidarse (esto es, la transfobia), y también la actitud del pueblo para hacerle frente a eso. También recibimos el vídeo [del espectáculo *Ikusezina ikusten ikasten* de 2008], y al verlo reconocimos una lectura política muy importante; la responsabilidad colectiva, la responsabilidad política… Nos quedamos atrapadas ahí y, tirando de ese hilo, sentimos que teníamos que hacer algo».

Una vez más, tengo frente a mí a alguien que sintió que «tenía que hacer algo»; una vez más, es alguien que, sin ni siquiera conocer a Aimar, vio cómo su propia conciencia, su propio cuerpo, su propia responsabilidad se agitaban ante su muerte. Una vez más, quien tengo delante hace hincapié en la respuesta de la gente. Así lo explica Iratxe: «Para nosotras era importante dar a conocer el testimonio de Moio, por un lado, y por otro compartir la respuesta del pueblo ante *lo ocurrido*, porque la gente entendió que se trataba de una muerte política y que todos tenían una responsabilidad colectiva; queríamos contar que el entorno respondió en esos términos, organizando actos, despedidas y demás. Así que, llegadas a este punto, el caso tomaba una nueva dimensión».

Esa dimensión social estaba completamente relacionada con los objetivos del libro: «Hay que tener en cuenta que con este libro queríamos decirle a la cultura vasca, a la comunidad vasca "esto también es nuestro conflicto, no es solo algo que ocurre fuera, es un conflicto que también nos pertenece y que tenemos que trabajar en euskera; un conflicto al que hay que responder a través de la autocrítica, un conflicto que tiene que servirnos para desactivar las violencias que tenemos activadas».

Por lo tanto, tenían claro que el caso de Aimar tenía la potencialidad de poner la problemática sobre la mesa y aludir a la responsabilidad colectiva. Y, quizás, podría haberse contado simplemente así: este es el caso de un chico vasco trans que se suicidó. Pero decidieron ir más allá y, entre otras cosas, publicar la carta de despedida. «Estábamos trabajando en ello cuando supimos que había una carta de despedida. Al principio no sabíamos qué decía la carta, solo sabíamos que existía. No sabíamos qué contaba, pero sabíamos que la había escrito en euskera».

Le cuento que aunque la lengua imperante en aquel entonces, tanto en la calle como entre nosotras, era muchas veces el castellano, Moio casi siempre escribió en euskera, tanto sus diarios como en otros mensajes y notas. Pero nunca le había dado demasiadas vueltas, así que le pregunto por qué fue tan importante para ellas. «Por un lado, hay que tener en cuenta que la elección lingüística más potente es la de alguien que se despide; son tus últimas palabras y así quedarán escritas. Y esa elección lingüística no es solo personal, sino que también tiene una potencialidad muy fuerte; porque aunque lo escribiera para la familia, o la gente cercana, nos interpela simbólicamente a toda la comunidad. Es decir, cualquier persona euskaldun que lea la carta se sentirá interpelada y sentirá que también es responsable de ese conflicto, que tiene que hacer de esa lucha algo propio». Me resulta esclarecedor y lógico; y, a decir verdad, si pienso en cómo lo habría vivido yo desde fuera, creo que recibiría de forma muy diferente la historia de alguien que ha pasado por algo así y lo ha contado en castellano o de quien lo ha hecho en euskera.

En cualquier caso, y aunque la carta tuviera tal valor simbólico, le pregunto si no tenían miedo de publicar algo así cuando se trataba de un tema tan delicado y sabiendo que podía tergiversarse. «Al principio, le comentamos a su familia que veíamos ese valor en la carta, y bueno, enseguida accedieron; así que teníamos permiso para publicar sus palabras, pero, eso sí, con mucho cuidado. Aunque nuestros objetivos fueran muy claros, aquellas palabras podían suscitar muchísimo morbo dentro de nuestra sociedad del espectáculo; así que tuvimos muchísimas dudas, y eso fue principalmente lo que trabajamos con su familia: cómo hacerlo con gran cuidado, para no caer en el morbo. Frente al miedo que teníamos, prevaleció la importancia de que algo así se publicara».

La familia les hizo llegar la carta a través de un amigo en común. Quiero saber cómo fue la primera lectura. «Fue muy, muy duro. Recuerdo que fue un día durísimo. Porque hasta entonces estábamos pensando sobre lo trans, el transfeminismo, desde un plano muy teórico, de alguna forma; y sabíamos que si sacábamos a la luz el asunto de Moio estábamos diciendo "a ver, esto no es un juego teórico, aquí no estamos jugando con una u otra teoría porque nos apetezca entrar en un alarde de términos, aquí hay una realidad, una violencia contra los cuerpos". Estábamos en ese proceso, y el caso de Moio ya nos estaba permitiendo encarnar la teoría, pero recuerdo que cuando Isa y yo leímos la carta lloramos muchísimo. Por un lado, era como encontrarnos con Moio, como si en el transcurso del libro hubiéramos llegado hasta una persona que no conocíamos de antes; esto es, las ideas que teníamos empezaron a cobrar todavía más sentido, de algún modo era un camino que recorríamos junto a él. Y luego está lo que decía la carta, la manera de decirlo, el respeto hacia los demás… nos pareció muy inteligente. En su texto, tan conciso, percibimos su personalidad, una personalidad muy inteligente, valiente, y con mucha empatía por los demás».

La carta que publicaron tiene otra particularidad, que probablemente hizo la lectura más difícil para su entorno: se publicó una copia escaneada del texto. Le pregunto por qué lo publicaron así. «Otro de los puntos fuertes de la carta es que estaba escrita de su puño y letra. La idea inicial fue transcribirla, pero empezamos a hacerlo y nos pareció que en ese ejercicio había un punto de perversión, de simulacro; que perdía su valor simbólico, su posible interpretación directa en la que «yo soy yo, al desnudo, con todas mis dudas», porque hay fragmentos que están tachados, es un texto con un ritmo específico. Pero claro, por otro lado nos parecía muy duro preguntarle a la familia si podíamos publicar el original escaneado. Pero al final nos atrevimos, y volvieron a darnos permiso. Para nosotras eso ya fue… Porque le aporta al libro un… otro volumen, y nos parecía que tenía mucha fuerza para poder hablar de muchos temas».

Noto que Iratxe le está muy agradecida a la familia y que también tiene una suerte de apego respecto a Moio. Así lo relata ella: «Lo que pasó entonces es que el libro para nosotras ya era muy, muy Moio. Habíamos recorrido un camino junto a él, nos había enseñado un montón de cosas; bueno, él y su familia, porque la actitud de la familia fue muy loable. Y es cierto que para nosotras era muy importante no acabar el libro sin el visto bueno de la familia. Por eso no cerramos la estructura del texto sin su beneplácito, no dimos el prólogo por terminado hasta que dieron el visto bueno… en fin, hasta que ellos dijeron "sí, aquí vemos reflejada nuestra forma de entender a Moio". En ese sentido fue un libro hecho muy por y para Moio».

Noto que Iratxe se emociona con solo recordar aquella época, y yo me siento orgullosa de que mi amigo las acompañara en su camino hacia el libro. En estos casos, recuerdo las palabras de Pagox: «Esto es lo que él quería, ¿no?». A veces no sé medir qué quería y qué no quería mi amigo, y resulta imposible saberlo; pero puedo intuir lo que habría sentido al ver la Casa de Cultura repleta aquel octubre de 2013, en la presentación de un libro que contenía sus palabras. Le pregunto a Iratxe cómo vivió ella aquel día. «Jo, pues fue muy, muy emocionante, muy conmovedor. Es verdad que nosotras no somos de Hernani, pero tuvimos claro que el pueblo nos dijo "sí" enseguida. Es decir, recibimos un "sí" alto y claro cada vez que pedimos algo a cada uno de aquellos individuos, empezando por ese día en la Casa de Cultura y pasando por los colectivos, artistas o personas. Así que sí que sentimos que la gente del pueblo lo recordaba como si hubiera ocurrido el día anterior, aunque cada uno lo nombrara de una manera diferente, y hubieran pasado ya varios años (seis, para entonces); que la gente lo recordaba con intensidad y amor, como si acabara de ocurrir, y también con carga política».

El libro cumplió otro gran objetivo: «En Edo! nunca hubo una presentación tan multitudinaria y emocionante como aquella. Es más, diría que Edo! nunca cumplió tan bien su función como aquel día. Su función en cuanto a generar influencia política, unión con el pueblo, socialización; responder a una cuestión política, actuar desde lo colectivo… Me refiero a que la intención inicial de Edo! era precisamente esa y a que el libro que mejor encarnó tal intención fue *Genero-Ariketak*. Y eso fue posible gracias a Moio y a la generosidad de su familia, y también gracias a la gente que por aquella época estaba trabajando en el transfeminismo».

Resulta paradójico que mi hipótesis inicial fuera que hemos relegado la muerte de Moio a lo privado y lo personal, porque la palabra «política» ha surgido en casi todas las entrevistas. En ocasiones, la palabra se ha dicho colmada de reivindicación, a veces con la boca pequeña y otras con un tono militante ya manido… Iratxe es la primera en utilizarla una y otra vez sin tapujos y con todo su significado. Me tranquiliza escuchar la palabra así y de su boca, sin complejos. Me vienen a la mente las palabras de Ander: «Este tema es política, política en mayúsculas».

Pero no podemos ignorar que Hernani, como pueblo, tiene algunas particularidades. Me refiero a ciertas características políticas, cruzadas directamente por la lucha armada y sus consecuencias[4]. Iratxe también

4. Hernani es conocida por ser un pueblo de mayoría independentista y de izquierdas, tanto en las instituciones (con representación mayoritaria de la izquierda abertzale) como en las calles, con una tasa de represaliados, presos y presas de las más altas del País Vasco.

recalca ese aspecto, entre otros factores, a la hora de explicar la implicación ciudadana. «Con relación a eso, ya se sabe que Hernani posee unas características políticas determinadas, porque ya se han celebrado duelos y homenajes ante otras muertes y asesinatos. En tal contexto, el hecho de que este caso cobrara tal importancia pública tiene todavía mayor valor político».

Aunque no lo he mencionado todavía, el caso de Ekai Lersundi, el chico de Ondárroa que se suicidó en 2018[5], ha surgido en esta entrevista y también en todas las anteriores. En esta ocasión, Iratxe sigue tirando del hilo de las particularidades que tienen las despedidas públicas y políticas: «Yo creo que podemos hacer esa lectura, que en el caso de ambos lugares (en Ondárroa y en Hernani) ha sido muy, muy importante el hecho de que se trate de comunidades tan politizadas. Son dos pueblos profundamente atravesados por la lucha armada y donde, además, han ocurrido algunas muertes y homenajes políticos. Eso crea conocimiento y precedentes a la hora de darle importancia a la politización y la socialización cuando alguien muere; incluso en un caso así, que no está relacionado con el conflicto armado pero sí con otros conflictos sociales. Creo que eso también tiene un gran valor».

5. Ekai Lersundi fue un niño trans, activista y referente del movimiento LGTBI+ de Ondárroa que se suicidó a la edad de dieciséis años mientras se encontraba a la espera de tratamiento hormonal. Desde el primer momento, tanto la familia y los medios de comunicación como el pueblo y las instituciones se volcaron con los hechos.

Últimamente, he leído y escuchado mucho a Iratxe hablar sobre la transmisión cultural. Me interesa especialmente saber cómo concibe ella el ejercicio de transmisión en este caso. «Es cierto que la transmisión puede garantizarse, por ejemplo, a través de los ritos, que son absolutamente necesarios en cualquier muerte, y también a través de los lugares físicos donde recordar a la persona. Es verdad que crear estos ritos y lugares ayuda mucho, pero con eso no es suficiente; porque a veces se le cambia el nombre a una calle, a un lugar, pero no hay nada que nos enseñe a renovar el discurso constantemente. Así que también es cierto que en este caso lo que hace falta es contarlo como parte de la memoria de nuestro pueblo; en las aulas, por ejemplo».

Lo ilustra con un ejercicio que realiza ella en la universidad: «En los grados de Sociología y Ciencias Políticas, siempre uso la carta de Moio para hablar sobre el suicidio, porque no es una cuestión visible, y la carta sirve para trabajarlo. De la misma manera, sirve como un ejercicio de acercamiento a lo trans, porque interpela a la comunidad vasca».

Finalmente, menciona las herramientas para crear y transmitir estos discursos. «Está claro que hay que crear discursos continuamente. Algunos serán indirectos, puramente pedagógicos para las aulas, pero también son necesarios los discursos culturales. Y cuando digo cultural me refiero a este libro, pero también a canciones, a novelas… Esas creaciones también son, de alguna manera, espacios donde establecer lugares de memoria. Así que las siguientes generaciones sabrán qué le pasó a Maravillas[6] gracias a una canción de Berri Txarrak; o podrán seguir el rastro de un cantante llamado Imanol[7] a través de la novela de Harkaitz Kano; de la misma manera, otros textos culturales ocuparán esos espacios y darán memoria también a otros conflictos. Todavía estamos dando ese primer paso, es decir, es un tema que está en boca del público, pero todavía sin gestionar, claro; el siguiente paso será, inevitablemente, dar un salto al ámbito cultural y transformar este acontecimiento social en una experiencia cultural».

6. Maravillas Lamberto Yoldi fue una adolescente víctima del bando sublevado en la guerra civil española de 1936 en Navarra. Fue detenida junto a su padre, Vicente Lamberto, en el inicio de la guerra y fue violada y luego asesinada junto a su padre con apenas catorce años de edad. Es un referente de memoria y lucha antifranquista en Nafarroa y País Vasco. El grupo Berri Txarrak le dedicó una canción que se ha convertido en himno conmemorativo. https://youtu.be/9_aOylJPblQ?si=xW06ST8kSEEYoz2d

7. *La voz del Faquir* es una novela de Harkaitz Cano que parte de hechos reales y se inspira libremente en la vida del cantante Imanol.

Soilik egingo dudanaren zergaitiaren arrazoiak eman nahi ditut. Betidanik eduki dut mutil bat izate nahia. Txikia nintzenean izena, DNI-an hombre jartzea eta haragi puska bat falta zitzaizkidan nahi nuena eta izan beharko nintzatekeena izateko. Hala ere, nik eta besteek holako arraioa izatea ondo ikusten ez baizutenez, nik beti ukatzen nuen eta edozer egiten nuen hori nabari ez zezaten, nahiz eta hori gordetzea ezinezkoa zen zeren nire barnetik berez nintzena baitzen.

Adoleszentzian itxuraz eta sozietateak agintzen zidaten modukoa izan behar nuenez, hala izaten ahalegindu nintzen; eta ez nuen lortu, ni ez bainintzen ta!

Orain dela ia 2 urte, naizen bezala izateko prozesu batean barneratu nintzen eta nahiz eta hau oso ondo joan den, nire bizitzan beste arazo batzuk eduki ditut eta ez dut jakin hauei aurre egiten. Oso ingurukoen ustez ditudan arazoak prozesu horren partea dira eta ez niri sor zatzaizkidan arazoak. Ez hain ingurukoak alderantziz pentsatzen dute; eta niretzat biak dute influentzia nire arazoak halakoak, ez holakoak izateko.

Alde batetik, ez zaizkit arazoak gustatzen.

Nire bizitzan zehar arazo asko edukiko dut eta gainera inoiz ez naiz izango berez naizen bezala. Badakit, hau egitea ez dela (besteentzako) soluzio bat. Baina niretzako bai, izan ere, inoiz ez naiz nik nahi dudana eta izan beharko nintzatekeena bezalakoa izango. Hau da: ez naiz mutil arrunt bat izango, eta jada ez dut ametsik beteko (ez baitaukat ametsik) eta nituenak bete daitezen ez dut ezer egin.

Bizi naizenean besteentzako misteriotsua izan naiz; naiz eta berez nire izate erak ez zuen hainbesterainoko misterioa.

Tontotu egin naiz (nabaritzen dudan eta psikologoak esan zidan bezala). Edozein motatako laguntza mordoa dut: familia (hau bereziki, betidanik lagundu naute behar izan dudanean), lagunak, sozialak, ekonomikoak... Eta ez dut jakin horiei behar bezalako garrantzia ematen.

Beti eduki ditut niretzako ezinezkoak ziren ametsak. Eta edukitzen jarraituko nukeen, izan ere, ez naiz pozik bizi, ezta biziko ere (nire buruak ez banaidu poza, zeren ez naiz pozik bizi).

Asko sentitzen dut dena; nahiz eta egiten ari naizena egiteko dirudienez ya ezer sentitzen ez dudako den.

Bestalde, nire oroitzapenerako Funeralean Amaia eta Aimar izenak agertzea nahiko nuke, bi hauetaz bainago osatua.

Solo quiero explicar por qué voy a hacer lo que voy a hacer. Siempre he querido ser un chico. De pequeño, me faltaba un nombre, que en mi DNI pusiera «hombre» y un trozo de carne para ser lo que quería ser y lo que debería ser. Sin embargo, como ni yo ni mi entorno aceptábamos que fuera así de raro, siempre lo negaba y hacía lo posible por que no lo notaran, aunque era imposible esconderlo, porque era lo que yo realmente era en mi interior.

En la adolescencia, como se supone que tenía que ser lo que la sociedad y las apariencias dictaban, lo intenté; pero no lo logré, ¡porque yo no era ese!

Hace ya 2 años me adentré en un proceso para ser como soy y, aunque ha ido muy bien, he tenido otros problemas en mi vida y no he sabido hacerles frente. La gente más cercana a mí piensa que esos problemas son parte de ese proceso, y no problemas que puedan surgirme a mí. Quienes no son tan cercanos piensan lo contrario; y para mí ambas cosas influyen en que los problemas sean estos, y no aquellos.

Por un lado, no me gustan los problemas. Durante mi vida tendré muchos problemas y además nunca seré como realmente soy. Ya sé que hacer esto no es una solución para los demás. Pero para mí sí lo es, porque nunca seré lo que quiero ser y como debería ser. Es decir: no seré un chico normal y corriente, y ya no cumpliré mis sueños (porque no tengo ninguno) y no he hecho nada por cumplir los que tenía.

En vida, he sido misterioso para los demás; aunque mi forma de ser, como tal, no tenga tanto misterio.

Me he atontado (tal y como yo lo noto y me ha dicho mi psicólogo). Tengo un montón de ayuda de todo tipo: de mi familia (esto sobre todo, siempre me han ayudado cuando lo he necesitado), de mis amigas, social, económica… Y no he sabido darles a esos apoyos la importancia que merecen.

Mis sueños siempre han sido imposibles de cumplir. Y seguiría teniendo esos sueños, porque no soy feliz, ni lo seré (porque mi mente no desea la felicidad, porque no soy feliz).

Siento mucho todo; aunque si hago lo que estoy haciendo debe de ser porque ya no siento nada.

Por otro lado, me gustaría que en el funeral por mi recuerdo aparecieran los nombres de Amaia y Aimar, porque los dos son parte de mí.

PARTE 6

EL LEGADO QUE CONTINÚA

Brayan Altimasberes

Brayan es de Hernani y, cuando nos juntamos en enero de 2019, tiene veintitrés años. Lo sé porque es lo primero que me dice; eso, y que es trans. Francamente, esto último es lo poco que sé de él, de hecho, es lo que nos une hoy. En cuanto lo veo, un recuerdo me invade: hace unos cuatro años, un día que me acerqué al pueblo, vi a un chique joven que me pareció que llevaba un *binder*[1]; automáticamente, pensé que debía ser trans y algo dentro de mí se llenó de orgullo. Ahora que lo tengo delante, sé sin duda alguna, que ese chique era él. Sin embargo, le había perdido la pista, hasta que, hablando con Ander, mencionó que su novia había tenido un alumno trans llamado Brayan y que ahora eran amigos. Le pedí su contacto, y aquí estamos. Le digo que se me hace extraño no haber oído hablar antes de él, especialmente durante el último año. Responde rápido: «Jo, ¡pues no será porque no he dado que hablar en el pueblo!». Nos reímos, y enseguida me atrapa su alegría y ligereza.

Hablamos un rato, y le comento que he pasado casi todo 2018 haciendo entrevistas y que, aunque en todas

1. Prenda empleada por chicos trans para cubrirse el pecho.

ellas aparece la opinión de que lo trans está más visible que en 2007, ha sido necesaria toda una serie de coincidencias para que yo pueda estar sentada frente a él hoy. Me explica que él no cree que haya mejorado tanto la situación, me dice que sospecha que hay más chicos trans en el pueblo, pero que no son tan visibles; le pregunto por qué. «Creo que es una realidad que sigue oculta, porque si estuviera muy normalizado conoceríamos más casos. Yo tengo mis sospechas, porque, por ejemplo, cuando fui a pedir testosterona a la farmacia ya la tenían ahí, y eso no es lo habitual; normalmente tienen que encargarla, y ya me ha pasado en dos farmacias que haya ido a pedirla y la tuvieran. Eso es lo único que me lleva a pensar que en Hernani hay otra u otras personas trans. Porque aunque en Hernani haya 20 000 habitantes, en la práctica es un pueblo pequeño y aún y todo no nos conocemos entre nosotros. Eso demuestra que se sigue ocultando y que todavía faltan muchos años para que se normalice, aquí y en cualquier parte; te lo digo así de claro».

Normalmente, me reúno previamente con cada entrevistado, le cuento en qué estoy trabajando y fijamos una fecha para la entrevista. Sin embargo, Brayan pensaba que haríamos la entrevista hoy mismo y, antes de preguntarle nada, veo que tiene ganas de hablar, que ha entrado de lleno y de manera natural, así que aprovecho el tirón y le planteo las mismas preguntas de siempre, o sea, si conocía el caso de Aimar y, de ser así, cómo y cuándo supo de *lo ocurrido*. «Hace unos años estaba en Facebook y, no recuerdo de dónde, pero me llegó una carta de Aimar, y me sorprendió mucho, porque no conocía su caso. Entonces se lo pregunté a una amiga y me contó lo que había pasado, porque también era amiga de la madre de Aimar. Luego seguí preguntando a otra gente, a gente más mayor… Pero lo supe así, de casualidad y por interés propio, porque de lo contrario no habría oído hablar de él».

Le comento que ha pasado poco tiempo como para olvidar algo así, pero entonces me doy cuenta de que Brayan tenía diez años cuando Aimar se suicidó; en cualquier caso, le pregunto si no ha pasado poco tiempo para que la transmisión se haya detenido. Me responde rápido y con normalidad, no parece sorprendido: «Es poco tiempo, sí, pero ha sido suficiente para olvidar, o sea, ya está olvidado. Seguro que cuando ocurrió la gente le prestó importancia, pero, como no ha vuelto a pasar nada así en el pueblo (y menos mal), pues no tienes ni la necesidad ni las ganas de recordarlo. Además, yo creo que la gente piensa que hoy en día ya está todo bien, que no volvería a pasar».

Si he entendido bien, su sospecha es que la gente no se acuerda de estas cosas si no ocurre nada malo o duro. Le pido que desarrolle esa idea: «Quiero decir que tiene que pasar algo duro, o algo en el entorno cercano, para que se hable de ello. De lo contrario, no es un tema que esté en boca de todos. A ver, ¿a cuántas personas escuchas tú hablar sobre lo trans, así sin más? A eso me refiero».

Me doy cuenta de que no se trata solo de nuestra diferencia de edad: como llevo muchos años fuera de Hernani, también me he alejado de la realidad del pueblo. Brayan vive su día a día con total normalidad; entre otras cosas, me cuenta que trabaja en un bar del Casco Viejo. Le pregunto cómo percibe él el ambiente de Hernani y las actitudes en torno a lo trans. «Bueno, creo que mi caso, que es el que conozco, se ha tomado bastante bien en Hernani. Es cierto que yo me cambié el nombre en Facebook a los dieciocho o así, y que tuve la sensación de que se enteró todo el pueblo, y cuando digo todo quiero decir to-do, incluso gente que no conocía de nada; porque hay que admitir que en cualquier pueblo, y también en el nuestro, abunda el cotilleo. Pero bueno, mi entorno y la gente que me importa se lo han tomado muy bien, quitando a cuatro cafres, en general muy bien. En principio, yo no he tenido ningún problema directamente, es decir, la gente me ha ofrecido su ayuda incluso sin tener que pedirla. Creo que se nota que es un pueblo que ya ha pasado por algo así; se nota en la ayuda, en la protección que recibes… De todos modos, lo dicho, una cosa es que te ofrezcan ayuda, pero eso no quita la ignorancia. Y, eso sí, la gente hace un montón de preguntas».

Me río, porque yo soy quien pregunta ahora. Pero ya sé que no se refiere a eso. Sigue así: «Las preguntas me llegan sobre todo cuando hay un mínimo de confianza, y porque hay interés. Es que yo creo que todavía hay mucho desconocimiento. Porque se dice: "Ahora lo del tema trans está en la tele y en todas partes"; sí, pero luego falta un montón de información, y a la gente no le llega. Así que si no te toca un caso de cerca no tienes ni idea de qué es una transición, qué opciones hay… En general no tienes ni idea de nada. Y lo que es peor, más básico: me he encontrado con personas que preguntan, a las que he tratado de explicárselo y que siguen sin entenderlo. Así que para estar tan de moda, es alucinante todo lo que hay que enseñarle a la gente».

Me interesa saber qué tal lleva tener que responder a todas esas cuestiones. «Las preguntas siempre son las mismas, o muy parecidas. A mí no me importa contestar, aunque ya sé que a veces se hacen desde el morbo o el cotilleo. Pero en otros casos, y en la base, hay mucho desconocimiento».

Vamos cogiendo ritmo. Es un placer conversar con un chico como Brayan, entramos en un juego de preguntas y respuestas de manera muy natural: ¿En tu día a día sientes la necesidad de dar todas esas explicaciones, tienes que explicar que eres trans todo el rato? «Este año, por ejemplo, he empezado en un nuevo instituto [está estudiando Integración Social], y la gente no me conocía, pero ya solo por Instagram han podido saber muchas cosas. Pero si no me lo preguntan yo no digo nada, no veo la necesidad de hacerlo. Eso sí, si se enteran yo no tengo nada que esconder, claro. Y además, a veces hay cosas que hay que decir para que los demás entiendan un mínimo».

¿Por ejemplo? «Pues hay cosas que no me gusta que se den por hecho. Porque mucha gente dice: "ah, vale, entonces eres un chico y punto". Y te están diciendo "entonces eres así y asá, te gusta esto o aquello...", como si fueras un chico cis[2]. Y no es así, no es "eres un chico, o una chica, así que te encerramos ahí, cada uno en su cajón", no. Hay muchas posibilidades entre medio y hay que explicarlas para reivindicar también esos sitios, porque de lo contrario hay cosas que no se ven».

En otras palabras, que le toca hacer pedagogía. «Sí, sí. Luego también según dónde esté. Si estoy en el trabajo, en el bar, la gente por lo general no tiene ni idea, soy un camarero y punto. Y ahí no digo nada, porque no siento la necesidad de hacerlo».

Sí que he notado que en esta última década ha surgido una nueva generación de personas trans que viven su visibilidad y la reivindicación de otra manera. Más concretamente, le pregunto por la foto de perfil que tiene en WhatsApp, porque es posterior a su operación

2. «Se denomina cisgénero a la persona que está cómoda con el género que le fue asignado al nacer y que se siente completamente identificada con ese género. Las mujeres y los hombres cis son personas diagnosticadas como mujeres u hombres respectivamente que se muestran de acuerdo con tal diagnóstico. *Cis-* es un prefijo derivado del latín y significa "en el mismo lado", o "a este lado"». Tomado del glosario de Amaia Álvarez-Uria en el libro *Genero-Ariketak. Feminismoaren Subjektuak*, coordinado por Isa Castillo e Iratxe Retolaza y publicado en la editorial Edo!

de pecho, no lleva camiseta y muestra sus cicatrices. «La cosa es que hace muy poco, dos meses, que me han operado y todavía me estoy recuperando, y para mí ha sido, uf, un camino larguísimo, tenía muchas ganas de quitármelas, y ya está. Así que ahora lo muestro, claro. No sé si es reivindicativo, pero yo no quiero ocultar nada, estoy orgulloso. Creo que la mayoría de nosotros, una vez llegados a este punto, cuando ya nos hemos hormonado y operado, empezamos a sentirnos un poco más orgullosos de ser trans. Es decir, cuando empiezas la transición quieres parecer cis, que la gente vea que eres un tío, o que al menos no sepan que eres trans, que no se note. Pero más tarde, cuando todo el mundo lo sabe y cuando tu vida se asienta, en mi caso esto ocurrió cuando me operé (pero no hay por qué hacerlo), empiezas a decir: "Pues sí, soy trans, esto es así, esto no…", no sé, como que te haces más fuerte».

Me intereso por el cambio de nombre: cómo lo vivió, cómo se recibió… «Al principio nos costó a todos, también a mí, porque es muy difícil. Más que difícil, es raro, es muy raro. Pero en general, en Hernani, todo fue muy rápido, sí. Mis amigos lo cambiaron rápido, mi familia también…».

Quisiera saber si lo de nombrarlo en masculino fue igual de sencillo. «A ver, siempre hay alguien a quien se le escapa, incluso a mí me pasaba al principio. En casa, por ejemplo, imagínate, mi madre tuvo una hija durante mucho tiempo y ahora tiene un hijo… Pues en esos casos cuesta, pero lo que te digo, de verdad, es que la gente por lo general lo ha hecho muy bien».

A continuación, saca otro tema igualmente interesante: «En mi caso, yo suelo estar más con chicas, en clase y con mis amigas; en general hablan en femenino, y eso no me molesta. ¿Por qué iba a molestarme? O sea, si son más chicas, y si yo soy el único chico, ¿tenemos que usar automáticamente el masculino genérico? Pues no lo creo, no seré yo quien lo reivindique. Otra cosa es cómo te diriges a mí, eso sí, porque yo he tomado una decisión; pero en grupo es diferente. De todos modos, al principio me era más complicado, porque tienes que reivindicar una y otra vez quién eres, o sea, la sociedad todavía marca que si eres un chico tienen que nombrarte así, en masculino, o si no significa que no eres un hombre, y entonces te parece que hablar en femenino es invisibilizarte, pero más adelante uno también decide qué actitud tomar al respecto. Eso es como lo del DNI, preferiría que no pusiera nada, pero si las opciones que se ofrecen son "mujer y hombre", pues entonces quiero que ponga "hombre"».

Le hablo de *lo de Aimar* y le cuento que a todas las personas de su entorno a las que he entrevistado les costó adaptarse a su nuevo nombre y referirse a él en masculino. Me interrumpe y se me adelanta; nombra algo que parece ser especialmente doloroso para él: solo dice «Amaia-Aimar». Nada más. Le pregunto: «¿Qué?

¿Qué te pasa con eso?». Responde rápidamente: «Creo que el hecho de que se siga diciendo así me genera, no sé, una especie de dolor».

Me quedo de piedra. Hasta ahora, solo he hablado de esto con Ander, y él también abogó por usar y reconocer el nombre de Aimar, porque "Amaia-Aimar" nunca existió. O Amaia, o Aimar. Pero Brayan va más allá y mi intuición me dice que tiene toda la razón: «Creo que habría que reivindicar que él es Aimar, que así lo eligió él; es Aimar, y punto», dice con firmeza. «Al fin y al cabo, seguro que tuvo múltiples razones para suicidarse, pero no hay duda de que dijo "yo soy este, y hay que cambiar la sociedad", y olvidarnos de eso es como afirmar que su muerte no ha servido para nada».

Noto que le tiene mucho respeto y admiración. Me está hablando desde dentro. Quiero saber si para él, como persona trans, fue importante conocer este caso; si cree que hacer esa genealogía es un ejercicio importante. «Sí, para mí fue muy importante. Por un lado porque es historia, nuestra historia, y porque la historia nos permite aprender las cosas que debemos evitar que vuelvan a ocurrir; es decir, es un aprendizaje. Lo que pasó es importante para que no vuelva a ocurrir en Hernani, pero también para generar mayor amparo en el pueblo, para que lo cambiemos entre todos. Cuando supe lo que había pasado, pensé "uf, ¿cómo es posible que no lo conociera?". No sé qué cambió exactamente, pero hubo algo ahí, así lo viví yo, sentí algo y me dije a mí mismo "lo pasado, pasado está, pero voy a tratar de luchar y de luchar también por él, y de cambiar las cosas todo lo que esté en mi mano, para que no vuelva a ocurrir y para que nadie vuelva a pasar por algo así"».

Me ha dicho varias veces que ha encontrado apoyos en Hernani. Le pido que me cuente cómo nota ese sostén y por qué cree que ha surgido así. «Yo creo que en Hernani existe cierta conciencia, mucha, o al menos cada vez más. Sé que en el instituto, por ejemplo, se trabaja, y también es un pueblo en el que el movimiento feminista está en pleno apogeo, tiene mucha fuerza; eso también influye. Pero aún queda mucho trabajo por delante, todavía hace falta ser valiente para empezar la transición; no sé si valiente o fuerte. Creo que esa conciencia puede estar más desarrollada en Hernani que en otros sitios, pero todavía hay mucho que hacer».

Le pregunto si no cree que Aimar dejó huella en esa conciencia y responde sin dudarlo: «Claro que sí, eso influye en el pueblo, aunque puede que no en cosas concretas. Al final, me imagino que él tuvo que luchar muchísimo en su época, mucho más de lo que he tenido que luchar yo, fijo, y creo que eso me ha abierto el camino a mí. Su lucha, y el trabajo que se ha hecho desde el feminismo. Sin duda, esos dos aspectos han tenido mucho que ver».

Ha mencionado en más de una ocasión que nota muchas lagunas en el ámbito de la educación. Algunas de sus amigas son profesoras, y reflexiona al respecto: «Creo que existe un interés, pero la gente que trabaja en educación está muy perdida, el profesorado pide más formación. Una amiga me decía "me gustaría trabajar el tema, hay voluntad para ello, pero estoy perdida, me gustaría saber qué tengo que decir, qué tengo que expresar y en qué trabajar", y no lo saben; no por falta de interés, sino por falta de recursos. Mis amigas profesoras me dicen que conmigo aprenden mucho, pero eso es una excepción: y si no tienes amigos trans, ¿qué?».

Seguimos hablando de la situación actual: recién entrados en 2019, parece que vivimos en una época en la que se habla «mucho» sobre lo trans; quiero saber qué opina de los discursos dominantes sobre la materia. Es decir, ¿cuáles son las formas de ser trans? «Creo que hoy en día hay caminos muy delimitados. "Para ser trans tienes que hacer esto, tienes que seguir estos pasos, o no eres trans: tienes que hormonarte, operarte..."; así que a menudo no tienes la opción de elegir otros caminos, otras maneras. La idea de que hay que intentar parecer cis está muy arraigada. Parece que el objetivo es parecer un hombre cis y que una vez llegas ahí desaparece todo lo demás, "ya está, ya lo has conseguido, ya no eres trans..."; parece que tu lucha llega a su fin, has llegado a la meta, y punto. Y esto es muy peligroso, porque yo al principio también me lo creía, pero con el tiempo acabas viendo que no, que no es así, que no lo será nunca y que, además, no tiene por qué serlo, que hay muchas otras posibilidades y realidades». Da un ejemplo muy revelador: «Luego hay otra cosa que se repite mucho, en la calle y en el proceso psiquiátrico, y es que si eres un chico trans tienen que gustarte las chicas. Es decir, que eres hetero. ¿Y dónde queda la libertad? O sea, tienes que ser un chico o una chica y te tiene que gustar el otro género. Esas etiquetas y esas clasificaciones son muy antiguas, pero a la hora de conseguir las hormonas, por ejemplo, lo mejor es que le cuentes eso a tu psiquiatra, que cumplas con todas esas leyes no escritas, aunque sea mentira».

Como ha nombrado al psiquiatra, le pregunto sobre ese camino que, hoy en día, sigue siendo tan crucial a la hora de empezar la transición; un proceso que en ocasiones no para de alargarse. Hoy por hoy, en 2019, para poder empezar la transición es prácticamente imprescindible cumplir ese proceso de patologización. «Yo me he pasado dos años en ese proceso de psiquiatrización y me parece una pérdida de tiempo increíble. Tienes que invertir un montón de tiempo en ello, ¡y tú lo tienes claro! Pero no, te sueltan la chapa burocrática de siempre: "Puede que tú lo tengas muy claro, pero no siempre es así... No nos precipitemos...", y todo eso con tal de no darte las hormonas. No sé si de verdad lo creen, o si se están cubriendo las espaldas... Porque yo entiendo que si una persona te muestra dudas, o si no lo tiene claro, le digas que se lo piense bien; pero seamos realistas, para cuando acudes ahí normalmente ya estás muy seguro y lo has dicho en todos tus entornos, ya lo tienes claro; al menos, por lo general. Por ejemplo, a una persona muy cercana el psicólogo le dijo: "Una cosa es ser transexual y otra ser una marimacho". A ver, ¡que eres psicólogo!, ¡no puedes soltarle eso a alguien que te está diciendo que es trans! ¡No niegues lo que te dice la persona que tienes delante! Eso es muy grave».

Le pregunto qué le ha aportado la psiquiatrización, o todas esas sesiones; una vez más, su respuesta es inminente y firme: «Personalmente, yo creo que los psicólogos y psiquiatras de Osakidetza[3] no sirven para nada; hacen un trabajo completamente protocolario, no es útil. Te dicen "no tienes por qué volver, pero vuelve si necesitas ayuda", y entonces piensas "si necesito ayuda no voy a venir aquí, precisamente porque vuestro trabajo no es el de ayudarme; hacéis de policías para decidir hasta qué punto soy o no soy trans". Tú vas ahí a luchar por conseguir tus hormonas, a por nada más. En el caso de Ekai, por ejemplo, se vio muy claro, ¿no? Ahora creo que van a cambiar el procedimiento, pero eso habrá que verlo. En cualquier caso, es triste, muy, muy triste que haya tenido que morir alguien (una vez más) para que empiecen a cambiar cosas que llevamos pidiendo tanto tiempo».

3. Servicio vasco de salud pública.

Brayan está, como quien dice, al final de ese camino, pero ha sido un camino muy largo y lo compara con otro caso que ha conocido recientemente: «Un chico que se operó al mismo tiempo que yo llevó todo su proceso con una asociación de Cataluña[4] y consiguió todo enseguida, tanto las hormonas como la operación; en mi caso, desde que logré que me metieran en la lista y hasta que me llamaron para operarme, tuvieron que pasar al menos seis meses. También es verdad que hay una gran diferencia, porque todo esto lo cubre la sanidad pública y en otros lugares no tienen ni eso; pero hay que cambiar el procedimiento y queda mucho por hacer. No sé si es cuestión de dinero o de leyes, pero da igual, si se quiere hacer, se hace».

Como menciona lo del DNI, hablamos de otro procedimiento que Brayan ha vivido en carne propia: «Por ejemplo, en Euskadi existe una tarjeta provisional con el nombre que tú has elegido; te la dan mientras dura el cambio de DNI y es válida en sitios oficiales (el ambulatorio, la biblioteca, el instituto…) y es verdad que eso te facilita mucho la vida. De todos modos, queda en manos de la persona que tienes delante. Por ejemplo, yo he logrado que mis títulos estén a mi nombre, pero

4. En el año 2012, se creó Trànsit, un servicio de promoción de la salud de las personas trans gestionado por el Institut Català de la Salut. En Trànsit se realiza acompañamiento psicoterapéutico y social a las personas trans, así como a las personas de su entorno afectivo, siguiendo un modelo de atención transpositivo y biopsicosocial.

tengo claro que lo logré gracias a la administrativa que me tocó, que se movió y lo peleó. Si no hubiera sido así, pues no sé, me tendría que haber buscado la vida».

Pero si no te toca una administrativa «maja» todo son problemas. «Por ejemplo, cuando fui a matricularme la última vez me presenté allí con la tarjeta que te digo y me contestaron que no servía, no sabían ni lo que era, y entonces tienes que dar un montón de explicaciones que no deberías estar dando. Al final me lo peleé y lo conseguí. No debería ser así. Pero eso me ha permitido empezar el curso con mi nombre y que los profesores, por ejemplo, no sepan nada. ¿Que luego seguramente se comentará por ahí? Pues igual sí, pero al menos no tengo que andar dando explicaciones. Si luego lo cuento, será mi decisión; así debería ser».

Le importan especialmente las redes de apoyo entre personas trans. Echa en falta compartir espacios con personas trans más mayores. Es un camino que se hace en solitario, incluso en el proceso de patologización. Aunque él ya está en otro punto, a menudo uno se encuentra con que no sabe adónde acudir. «Ahora, por ejemplo, tengo un amigo con muchas dudas y que está muy, muy perdido. Y no tiene a dónde acudir. Porque es verdad que Chrysallis o Naizen están haciendo un gran trabajo, pero claro, están dirigidas a niños y niñas. Pero no todos sabemos quiénes somos a los cuatro años, preferiría vivir en una sociedad en la que fuera posible ir decidiéndolo desde pequeños, pero, por ejemplo en mi caso, no supe quién era hasta los dieciocho años y creo que, como yo, mucha gente se da cuenta, o lo decide, con otra edad, y entonces uno se ve muy perdido, muy solo. Deberíamos trabajar más en eso»[5].

Me dice, y yo también se lo noto, que este libro, contar *lo de Aimar*, es especialmente importante para él. ¿En qué podría ayudar un proyecto como este? «Es que va a repercutir en todo lo que hemos dicho, es decir, servirá para recopilar su memoria, su lucha… Al fin y al cabo, es muy importante decir que hemos existido. En el caso de Hernani, creo que debería ser lectura obligatoria en las escuelas, para que los niños y los jóvenes conozcan el tema y recuerden a Aimar. Y para que si alguna otra persona quiere emprender este camino vea que ha habido precedentes, para que se sienta protegida y vea que es posible y que no está sola. Es importantísimo. Si yo hubiera leído algo así… Por otro lado, todos debemos responsabilizarnos de nuestra memoria, porque me parece muy fuerte dejarlo en manos de la familia o el entorno, como sociedad no podemos cargarlos con eso. Creo que debería ser la responsabilidad del Ayuntamiento, o de agentes sociales, y me parece muy grave que todavía no haya un reconocimiento oficial.

5. Tras la publicación del libro en euskera, Brayan y Mash Elizalde fundaron la asociación Loratuz lotu para personas trans adultas. Según su web «el objetivo de nuestra asociación es pelear por los derechos de la personas trans. Luchar por la visibilidad de las diferentes realidades trans para normalizar y mejorar nuestra situación y crear referentes».

No puede ser que los que vengan detrás de nosotros se enteren de esto como lo hice yo, por casualidad. Hay que garantizar la transmisión de la historia de este pueblo».

SALDAR LAS CUENTAS

Bueno Maio maite, agian "agur" esan beharko ninke, baina gaur oraindik goiegi da niretzat, nahiago dut oraindik kaletik nadela bizikletan pasako zarela pentsatu denbora batez, barkatuko didazu, baina ezin dizut zure azken desio hori betetzen lagundu oraindik. Oraindik ezin dizut agur esan, suposatzen dut beti bezala, berandu nabilela, gauza batzuk ez dira inoiz aldatzen maite. Oraingoz nahiago dut, jakintzan noiz arte egoiten negar pixka bat egiten eta noizbait agian esango dizut agur eta negarra eta korapiloa joango dira eta ni ere lasai geratuko naiz, oraindik maite, gauzaren bat dut egiteko. Ez dakit zehazki zer, baina ez nago pakean. Nire omenalditxo propioa edo egin behar dizut, edo ez dakit zer. Oraingoz, gerorarte Maio, eta eskerrikasko, zarelakoagatik, baina eskerrikasko.

Maite zaitut,

Kattalin

19 de enero de 2019

Estoy dándole los últimos retoques a las entrevistas. Me siento en la cama y me pongo a pensar en todo lo que me ha dejado este proceso, todas estas conversaciones y recuerdos. Ha sido increíble, todo un trabajo de sanación. Hablar con tantas personas, volver a tenerte presente… De todo lo vivido, en el libro solo pienso incluir una parte de estas entrevistas y conversaciones; el resto me lo quedo para mí, para nosotros dos.

Tu vida, tu lucha y tu muerte han vuelto a cobrar importancia, Moio, y puede que eso fuera lo que andaba buscando. Y no han vuelto a cobrar importancia solo para mí, sino que cada persona que he entrevistado me ha transmitido esa necesidad de hablar. Todas tenían algo que contar. Todas han aportado algo, diría que lo mejor de sí mismas.

Mientras pienso en todo esto, hago el ejercicio que llevo un tiempo evitando hacer. Porque durante todo este proceso he querido mantener cierta frialdad, cierta distancia, centrarme en el libro y no en mí misma; hablar desde lo que soy ahora, para no perderme en el dolor de entonces. Pero hoy empiezo a vislumbrar el final del camino y me toca enfrentarme a esto que tanto miedo me genera. He rescatado las cartas que te escribí en aquella época y durante los años siguientes. De algún modo, estos meses he tenido miedo de volver al dolor de entonces. Prefería ser aséptica en mi trabajo, hablar desde mi yo actual y no dejarme llevar por el dolor y la pena de aquellos instantes.

Parece que te escribí más cartas de las que recordaba, cartas muy largas. En ellas hay un poco de todo: hay dolor, culpa, amor, enfado, lágrimas, preguntas… Pero me he quedado atrapada en una carta larguísima que te escribí el 29 de mayo de 2007. Te contaba muchas cosas, mantuvimos una larga conversación, y yo trataba de ordenar lo ocurrido un mes atrás. Cuando empecé a adentrarme en el libro pensaba que mis recuerdos de aquellos días eran borrosos, pero tras leer la carta puedo comprobar que recordaba lo ocurrido mejor de lo que creía. La carta es larga, y lo que hay en ella lo guardaré para mí, para nosotros dos.

Pero hacia el final de la carta reflexionaba sobre no ser capaz de despedirme de ti; la última página me da pie a terminar esto, porque no sé si a día de hoy he llegado a decirte adiós como es debido.

Dice así:

Bueno, querido Moio, tal vez debería decirte «adiós», pero hoy todavía me es demasiado pronto, prefiero seguir pensando durante un tiempo que me cruzaré contigo por la calle, mientras pasas en bici, perdóname, pero todavía no puedo ayudarte a cumplir tu último deseo. Todavía no puedo despedirme de ti, supongo que voy tarde, como siempre, hay cosas que no cambian nunca, *matte*[6]. Por el momento prefiero llorar un poco cada mañana, vete tú a saber hasta cuándo, y puede que algún día te diga adiós y se vayan el llanto y el nudo, y yo también me quede tranquila, pero todavía, *matte*, tengo cosas que hacer. No sé qué cosas exactamente, pero no estoy en paz. Tengo que hacerte mi homenaje particular, o yo qué sé qué. Por ahora, Moio, hasta luego, y muchas gracias, no sé muy bien por qué, pero gracias.

Te quiero,

Kattalin

Espero que, doce años después, esto que tienes entre las manos sirva de homenaje, o no sé de qué. Ya está hecho.

El llanto y el nudo han desaparecido, así que ahora sí, amigo, te digo adiós de verdad.

6. Expresión de afecto, que viene de *maitia* (cariño), expresado en el euskera de Hernani.

EPÍLOGO

Vuelvo, esta vez yo sola, a la cafetería impersonal donde tantas entrevistas he realizado. La verdad es que, durante el tiempo en el que he estado trabajando en este libro, a menudo he venido aquí a estar sola. Hoy noto que el fin se acerca, y mi cuerpo necesita parar. Pido un café y me siento en la terraza. En esta ocasión no tengo a nadie enfrente de mí. Sin embargo, vuelven a mi mente todas las entrevistas y cada uno de las entrevistados; recuerdo las ansias de cada uno, en qué punto necesitaron parar, cuándo seguir; y, sobre todo, su honestidad, su generosidad, cómo se vaciaron.

Primero me vienen a la mente mis amigas. Ha pasado un tiempo desde que nos juntamos en casa de Ainhoa. Sé que nos sirvió de algo, que algo se sanó y que seguiremos en ello. Debería escribirles y organizar una cena en honor a nuestro amigo.

Ahora me fijo en la mesa en la que me senté con Ander. Lo veo frente a mí, pronunciando una palabra tras otra. Me imagino que todas sus palabras siguen bajo la mesa en la que nos sentamos; en cualquier caso, espero que se haya liberado de al menos una parte del peso con el que cargaba. Si esto nos sirve para vivir más ligeros, es más que suficiente.

De vuelta a mi mesa, me visitan el amor y el sentimiento de impotencia del que hablaban Itu y Txurrus. Creo que elles se han quitado, si no un gran peso, al menos una espinita, no solo gracias a la entrevista, sino a todo su trabajo y lucha a lo largo de los años. Me llena de orgullo pensar que mi amigo influyó en toda esa militancia.

Desvío la mirada a una mesa que hace esquina en el interior de la cafetería. La honestidad y la efusión de Maialen. Otro regalo: saber que todo esto ha formado parte del pensamiento y la creación de Lujanbio. Vuelvo a sentirme profundamente agradecida.

Llevo conmigo el libro *Genero-Ariketak.* Tras la entrevista con Iratxe he vuelto a leerlo y las palabras cobran ahora un nuevo significado; después de hablar con ella, puedo decir sin ningún complejo que lo que pasó fue «político». Iratxe siempre ha sido una gran amiga y acompañante.

Me llega por WhatsApp una entrevista que le han hecho a un chico trans y se la reenvío a Brayan. No tarda en responderme dándome las gracias. Parece extraño sentir tanto apego por un joven que no conoces de nada, pero tener la oportunidad de entrevistarlo me ha aportado mucho más de lo que él piensa: en cierto modo, y aunque sean personas completamente diferentes, veo en él la sombra de Moio.

Esta tarde me han visitado todos los entrevistados y también aquellas voces que no he incluido en el libro.

Todas las voces que, años más tarde, me han permitido hablar sobre mi amigo. Todas las voces que me han sostenido, que me han apremiado a romper con el silencio y me han dado el empujón que precisaba para seguir adelante, sintiera lo que sintiera. Todas las que me han preguntado por aquel que fue mi amigo, o que han destacado la importancia y la necesidad de escribir este libro. Moio sigue haciendo su trabajo, incluso con aquellas personas que no llegaron a conocerlo. Me siento tranquila.

Durante todo el tiempo que he dedicado a escribir este libro, y cada vez que alguien me preguntaba en qué estaba trabajando, yo me quedaba atascada, sin palabras. Como si la capacidad de nombrar hubiera quedado fuera de mi alcance. Cuando me lo preguntan, agacho la mirada y empiezo a hablar en piloto automático: «Un-chico-trans-de-Hernani-se-suicidó-en-2007…», y noto que quienes tengo delante también se ponen nerviosos, porque me interrumpen rápidamente con un «ah, sí, sí, ya lo sé». Entonces paso a un plano más conceptual y digo cosas como que estoy haciendo «un ejercicio de memoria colectivo», o algo así.

Así que no, hoy por hoy no es fácil hablar de *lo ocurrido*, ni nombrar *aquello*; por lo visto, tampoco es fácil escucharlo. Pero si para algo ha servido este libro es para ponerle voz y nombre a lo que pasó. Ya no será *lo ocurrido* ni *aquello.* He recogido muchas palabras, vivencias, conceptos, experiencias y relatos; los suficientes como para ampliar el léxico de lo que vivimos y para sentir colectivamente.

Así que fue una muerte, un suicidio, una lucha; fue amor, dolor, política y apoyo; fue la respuesta de un pueblo; fue transfobia, y responsabilidad colectiva; fue aprendizaje, creación, violencia, belleza, un shock, un golpe, un impacto, orgullo, dignidad, empoderamiento; fueron un pueblo, y fueron muchos individuos. Fue todo eso y mucho más, y ahora puedo nombrarlo. Podemos nombrarlo.

Finalmente, y mientras el café termina de enfriarse, cojo el libro *Genero-Ariketak*. Lo abro directamente por la página que contiene la carta de despedida de Moio, estoy preparada como nunca antes. Solo he leído esta carta dos veces en mi vida. La primera vez fue después del 23 de abril de 2007, en su casa, cuando Isabel me la dejó. Me obligué a leerla otra vez hace un par de años. Tengo la sensación de recordar al detalle cada una de sus palabras. Empiezo a leer: «Solo quiero explicar…». Sí, es como la recordaba.

La leo con calma y serenidad hasta que llego a la siguiente frase: «… hacía lo posible por que no lo notaran, aunque era imposible esconderlo, porque era lo que yo realmente era en mi interior». Tengo que parar para tomar aire. Efectivamente, así eras tú; y era imposible esconderlo, amigo mío, y nadie debería esconderlo jamás. Era imposible esconder tu vida, tu lucha y tu muerte. Son demasiado grandes, no caben en ningún cajón. En esta ocasión también me has ayudado, y tus palabras serán el título de este libro. Tus palabras y ese nombre tan tuyo y tan nuestro. Moio.